LES

AVENTURES

DE

MON ONCLE LE CHEVALIER

PAR

GUÉGAN DE LISLE

—◦◦—

SAINT-GERMAIN-EN-LAYE

IMPRIMERIE TH. LANCELIN,

Rue de Paris, 27.

—

1869

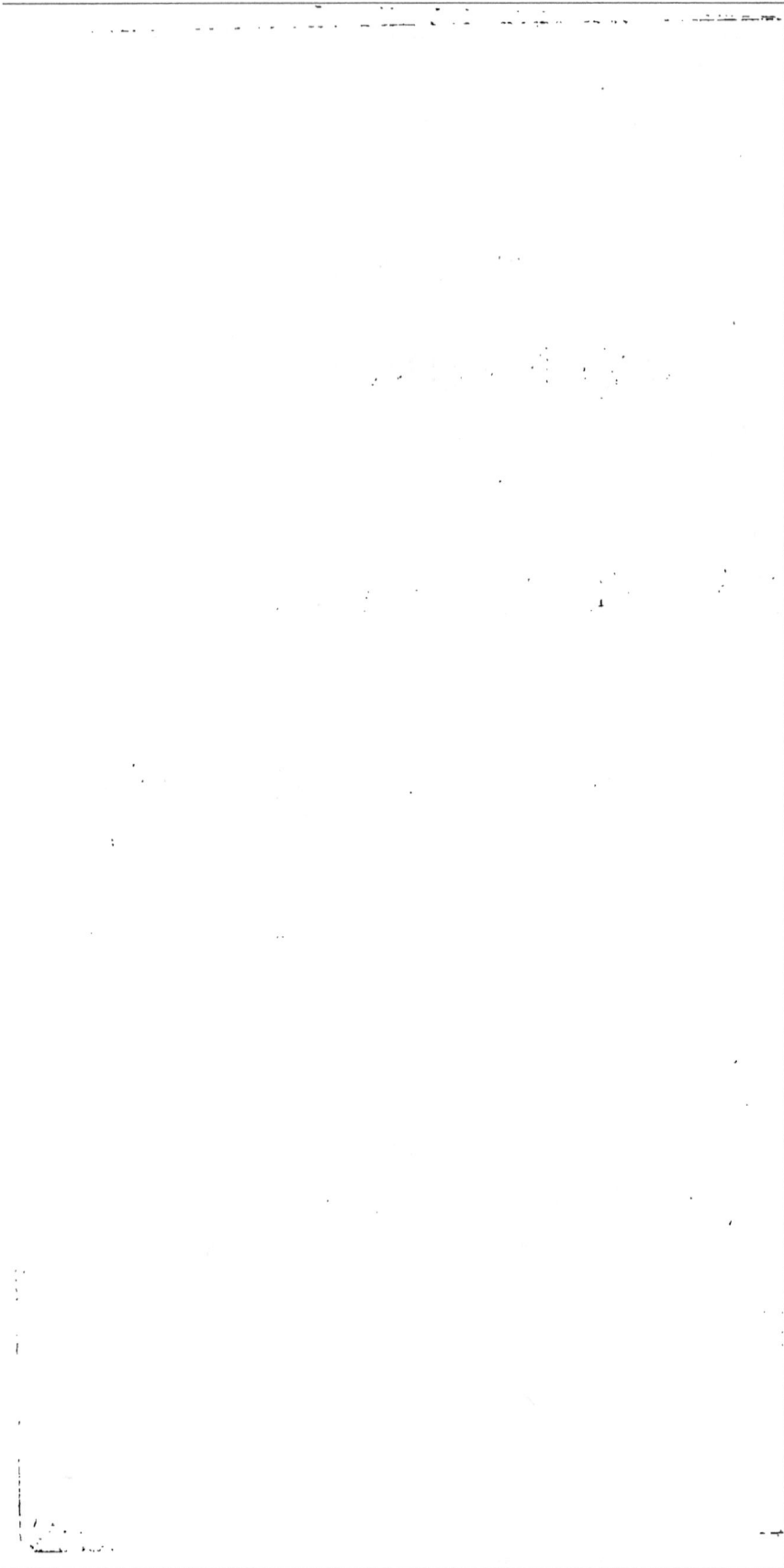

LES AVENTURES

DE

MON ONCLE LE CHEVALIER

I

Le 10 janvier 1785, dans les environs du château de Buzanval, près de Garches, mon oncle, le
chevalier Pierre-César de Lisle, faisait son entrée
dans le monde sans tambour ni trompette, bien
que son père, mon aïeul maternel, fut investi du
commandement de la compagnie de de Lisle, dans le
bataillon de milice de Saint-Denis, de la généralité
de Paris, comme on disait avant le grand tremble-
ment de 1789.

Mon aïeul avait été pourvu, c'est le mot, de
l'emploi de lieutenant dans la compagnie de son
père, par le rescrit suivant, que nous copions mot
à mot.

« Nous, Étienne-François de Choiseul, duc de
» Stainville, pair de France, chevalier des ordres
» du Roy et de la Toison-d'Or, colonel-général des

1

» Suisses et Grisons, lieutenant-général des armées
» de Sa Majesté , gouverneur et lieutenant-général
» de la province de Touraine, gouverneur et grand
» bailly du pays de Vosges et de Mirecourt, ministre
» et secrétaire d'État, ayant le département de la
» guerre et de la marine, et la correspondance avec
» les cours d'Espagne et de Portugal, grand-maître
» et surintendant général des courriers, postes et
» relais de France, certifions à tous qu'il appar-
» tiendra, que suivant les registres qui sont entre
» nos mains, le sieur Pierre-François de Lisle, a
» été pourvu, le 1er février 1756, de la charge de
» lieutenant de la compagnie de de Lisle, dans le
» bataillon de Saint-Denis, de la milice de la géné-
» ralité de Paris, vacante par le délaissement du
» sieur Du Bouchet ; en foi de quoy nous avons
» signé le présent certificat pour servir et valoir
» ce que de raison,

 » Fait à Versailles, le 12 may 1764.

  » Signé : le duc de CHOISEUL. »

Mon aïeul maternel étant né en 1742, avait juste
quatorze ans, lors de sa nomination au grade de
lieutenant, ce qui était fort joli, et lui assurait
pour l'avenir, une assez belle perspective militaire ;
mais les événements politiques en décidèrent au-
trement.

Il était, ainsi que nous l'avons dit, capitaine
commandant à l'époque de la naissance de son fils,

Pierre-César, et sa compagnie faisait le service au palais de Saint-Cloud.

De Saint-Cloud à Garches, il n'y a qu'un pas; on avait donc choisi ce charmant village pour pied à terre, la famille y prenait tranquillement ses ébats, lorsque le canon de la Bastille commença à gronder.

La compagnie de de Lisle, mandée déjà plusieurs fois à Paris, lors des émeutes du Pont-Neuf et de la fabrique de Révillon, au faubourg Saint-Antoine, était rentrée dans ses cantonnements; plus tard, elle se trouva rangée sur le passage du *boulanger*, de la *boulangère* et du *petit mitron*, et leur présenta les armes, mais de loin, car le capitaine, qui jusque-là était parvenu à empêcher ses hommes de se mêler aux gardes-françaises insurgés, ne voulait pas exposer ses miliciens à la tentation de se joindre à la foule qui accompagnait le cortége royal.

Après la fuite du roi à Varennes, la compagnie de de Lisle, que son chef avait maintenue à grand peine, finit par se débander entièrement; et celui-ci désormais sans emploi, se retira à Garches, où il fut même obligé de se cacher, attendu sa qualité de noble.

On avait bien offert au capitaine de Lisle d'émigrer, mais il avait constamment refusé; d'ailleurs la position de fortune de la famille ne lui aurait pas permis de le faire.

Il changea de nom, ou plutôt se fit appeler Delille en un seul mot, et offrit à la République de reprendre du service comme simple soldat.

La République accepta, lui donna généreusement les galons de sergent-major, et l'envoya à la frontière.

Le vieux capitaine devenu sous-officier, se fit blesser grièvement, et revint mourir à Garches au milieu des siens, qu'il laissa dans la plus profonde misère.

Ma grand'mère vendit son mobilier qui n'avait rien de luxueux, et essaya de faire vivre sa famille du travail de ses mains. A cette époque les travaux des femmes n'étaient pas beaucoup mieux rétribués que de nos jours, ce qui faisait que la mère et cinq enfants en bas âge, ou à peu près, mouraient littéralement de faim. On devait au boulanger de Garches une furieuse note de pains de quatre livres, mais le bonhomme de boulanger, c'est une justice à lui rendre, fournissait toujours sa marchandise, disant à la veuve : Allez, allez, ma brave femme, m'est avis que je ne perdrai rien avec vous, et qu'un jour ou l'autre, je serai payé.

Le pauvre homme, hélas ! est mort sans avoir reçu un sou, mais nous avons là, sous nos yeux, une quittance de sa fille, datée, il est vrai, de 1835, près de quarante ans après fourniture faite, et délivrée à mon oncle, le chevalier Pierre-César, capitaine d'infanterie, chevalier de la Légion d'honneur.

On le voit, dans la famille, les dettes d'honneur n'étaient pas oubliées, c'est là son plus beau titre de noblesse.

Mais revenons à Garches, en 1795 ; mon oncle venait de faire sa première communion dans un grenier, car à cette époque les églises étaient fermées, et celle de Garches comme les autres. Ma grand'mère mit son fils aîné en apprentissage chez le menuisier de l'endroit, et, comme le jeune Beauharnais, qui devait être un jour le prince Eugène, Pierre-César apprit un état manuel.

Tout en poussant la varlope, le jeune chevalier songeait aux formidables coups d'estoc qui se donnaient à la frontière ; il demandait bien souvent à sa mère s'il n'avait pas encore atteint l'âge de se faire soldat ; mais la mère refusait constamment de lui répondre ; d'ailleurs, si peu que son fils gagnât, c'était encore assez pour soulager la misère commune.

Enfin, un beau jour de l'année 1799, César ayant accompli sa quatorzième année, et n'ayant pas un goût très-prononcé pour le vilebrequin, s'échappa de la maison maternelle, et alla se faire inscrire sur les registres municipaux ouverts sur le Pont-Neuf.

Souvent, mon oncle nous raconta comment il avait vécu pendant les trois ou quatre jours qui précédèrent son enrôlement.

Perdu dans les rues de Paris, sans un sou dans sa poche, balançant entre la crainte d'abandonner sa mère et le désir de s'engager : la faim se fit bientôt sentir.

Que faire ? Pierre-César était un garçon de résolution, il avisa sur le Pont-Neuf même, un brave homme qui cirait les souliers et les bottes de ceux qui, à cette époque de sans-culottisme, avaient encore des bottes et des souliers, et lui proposa ses services.

L'industriel accepta et le chevalier put manger.

Mon oncle, devenu plus tard capitaine, chevalier de la Légion d'honneur, se plaisait à nous raconter, au milieu d'un repas de famille, ses tribulations sur le Pont-Neuf, et riait beaucoup en nous disant que son blason en avait reçu un nouveau lustre.

Mais comme le cirage n'avait pour le jeune chevalier que fort peu d'attraits, il s'engagea bientôt et reçu sa feuille de route pour l'armée du Rhin.

En arrivant au corps, vu son jeune âge, on lui donna les baguettes de tambour ; mais l'ex-chevalier qui n'aimait pas la musique, relégua bientôt les baguettes dans un coin, et prit le premier fusil qui lui tomba sous la main.

Bien lui en prit, car n'ayant pas la taille, il n'aurait jamais pu espérer arriver aux sommités de l'emploi ; tandis qu'au bout de quelque temps il reçut les galons de caporal.

C'était un commencement ; les galons d'or suivirent, il devint successivement sergent, sergent-major, et arriva, enfin, en 1806, à être nommé sous-lieutenant, après s'être distingué pendant la campagne de 1805.

En 1807, les événements se pressaient en Espagne, Charles IV venait de céder la couronne à Napoléon, qui la mettait aussitôt sur la tête de son frère Joseph.

Mais les moines espagnols, qui ne ressemblent en rien aux moines des autres pays, firent lever le peuple et prêchèrent l'insurrection.

Ils allèrent même jusqu'à publier un catéchisme qui enseignait le meurtre des Français, comme une action méritoire aux yeux de Dieu.

Aussi, bientôt nos malades, nos blessés furent égorgés dans les hôpitaux ; les courriers furent massacrés sur les routes, et toutes les villes se soulevèrent contre nous.

Ce fut au milieu de ce soulèvement que le roi Joseph dut se diriger sur Madrid. Des bandes de guérillas, commandées la plupart du temps par des bandits ou des forçats, s'organisèrent sur le passage de nos troupes, et les décimèrent en s'éparpillant sur leurs flancs.

L'Empereur apprenant ces tristes nouvelles, prit au plus vite les dispositions nécessaires, et dirigea vers l'Espagne plusieurs régiments de l'armée d'Allemagne.

Pour son malheur, mon oncle fit partie du corps d'armée commandé par le général Dupont.

La guerre en Espagne, nous disait-il souvent, n'avait rien de commun avec les autres guerres de l'Empire.

En Allemagne, en Autriche, en Prusse, en Italie,

nous avions affaire à des gens civilisés ou à peu près, mais il n'en était pas de même en Espagne.

On sait, en effet, que les Espagnols s'étaient déjà fait une réputation de férocité et de cruauté digne des peuplades les plus sauvages.

En effet, en Espagne, il ne s'agissait pas seulement d'être tué par une balle ou un boulet; on avait la perspective, si l'on tombait entre les mains des guérillas, d'être rôti à petit feu, scié entre deux planches ou enterré vif.

Il y avait encore certains moyens fort ingénieux de faire souffrir lentement, mais cruellement les victimes; tels que d'être pendu par les pieds, ou découpé en aiguillettes sur les bras, le dos, les jambes et les parties charnues.

Les femmes elles-mêmes, rejetant toute pudeur, animées au carnage par les prêtres et les moines, faisaient subir à nos soldats d'horribles mutilations, et se paraient avec satisfaction de ces dégoûtants trophées.

Ceux qui n'avaient que l'oreille, le nez ou la langue coupés étaient favorisés par le sort.

Oh ! l'Inquisition de Charles-Quint et de Philippe II avait laissé des souvenirs que mettaient bien à profit ses dignes successeurs de 1807.

Après la funeste et incompréhensible capitulation du général Dupont à Baylen, les seize mille hommes formant son corps d'armée, devaient, aux termes du traité, être embarqués sur des vaisseaux espagnols et ramenés en France.

Mais, comme la junte de Séville, par un acte indigne de déloyauté, refusa de reconnaître la capitulation, ces seize mille soldats furent envoyés, partie sur les pontons de Cadix, partie sur les rochers de Cabréra.

Mon oncle le chevalier fut du nombre de ceux qui allèrent à Cabréra, et de là sur les pontons anglais.

Cabréra est une petite île du groupe des Majorques ; elle est située par 40° de longitude occidentale du méridien de Paris, et 39° de latitude nord.

A l'époque de la déportation des prisonniers français, on n'y voyait d'autres habitations que deux misérables cabanes de pêcheur, et un ancien fort abandonné, bâti sur les rochers à l'entrée d'une anse très-étendue, qui pourrait au besoin servir de refuge à des vaisseaux de haut bord.

C'est là que furent abandonnés six mille hommes exténués de fatigues et de misères de toutes sortes, la plupart étaient mal vêtus, et sans aucun abri contre la chaleur du jour et la fraîcheur des nuits.

On sait qu'en Espagne la chaleur pendant le jour est insupportable, et que les nuits sont au contraire froides et humides.

Il fallut donc s'organiser sur ces rochers arides et dénudés ; les officiers se logèrent en partie dans le vieux fort, d'autres s'établirent comme ils purent sous des tentes faites à la hâte avec des débris de voiles et des couvertures ; quant aux soldats, ils

1.

dépouillèrent de leurs branches le peu d'arbres rabougris qu'ils trouvèrent dans l'île, et se construisirent des huttes en feuillage. Mais ces abris improvisés ne purent tenir contre les pluies, et une nuit, qu'il survint un violent orage, les tentes et les gourbis furent entraînés par des torrents d'eau, qui roulaient comme des cailloux les plus grosses pierres de l'île.

L'hôpital provisoire, qui contenait plus de cent malades des fièvres pernicieuses de ce climat malsain, fut emporté par les eaux, et l'on retrouva le lendemain la plupart de ces malades à moitié engloutis par les sables.

Les Espagnols, qui s'intéressaient beaucoup plus à la conservation de l'âme de nos soldats qu'à celle de leurs corps, leur envoyèrent un aumônier, afin, disaient-ils, de ne pas les laisser mourir sans confession.

Ce fut le señor Don Estebrich qui fut désigné pour remplir cette mission, et en voyant la destruction de l'hôpital, son premier soin fut de s'écrier que la mort de nos malades n'était qu'une juste punition du ciel.

On comprend que cette manière d'envisager les choses n'attirait pas aux exhortations du révérend don Estebrich un nombreux auditoire; il avait beau multiplier les sermons et les processions, personne ne s'empressait de s'y rendre.

Voyant cette indifférence, le bon moine inventa un stratagème qui lui réussit assez bien. Comme

les Espagnols ne distribuaient pas les vivres avec
la plus parfaite régularité, puisque souvent ils laissaient les prisonniers un ou deux jours sans manger, le bon père accordait aux *fidèles* une ration
d'*extra*, ce qui fit qu'au bout de quelque temps ses
sermons furent fort suivis.

Comme l'île abondait en matériaux de toute espèce, et qu'il y avait des pins de la plus belle venue, on résolut de se construire des maisons.

Seulement, l'outillage manquait complétement ;
mais les Français sont ingénieux, on fit des scies
avec de vieux cerceaux de barriques, quelques
ferrailles arrachées à une vieille chaloupe hors de
service furent transformées en haches ; on cons-
truisit des échelles, et vers le mois de septembre 1809, les Espagnols virent avec étonnement
s'élever une ville, là, où il n'y avait auparavant
que des rochers stériles.

Mais les travaux auxquels cette population
s'était livrée, avaient contribué à user entièrement
les restes d'uniformes qui couvraient encore les
prisonniers ; il en résulta qu'étant presque nus,
n'ayant qu'une nourriture malsaine et presque
toujours insuffisante, manquant d'eau potable (il
n'y avait dans l'île qu'une seule source qui se tarissait l'été) les maladies, surtout les fièvres redou-
blèrent d'intensité, et décimèrent cette malheureuse population.

Les Espagnols, soit mauvaise volonté, soit par
empêchements naturels, retardaient sans cesse

l'arrivée des convios de vivres, de sorte que bien souvent, les prisonniers était plusieurs jours sans nourriture.

Le découragement se mit de la partie, et bientôt le bruit se répandit parmi eux qu'on était résolu à les laisser mourir de faim.

Ceux-ci faisaient pitié à voir ; ils étaient d'une maigreur telle qu'on les aurait plutôt pris pour des squelettes ambulants que pour des hommes.

Souvent le spectacle de leur désespoir devenait déchirant ; les uns se couchaient silencieusement à terre, s'enroulaient philosophiquement dans un reste de manteau ou de couverture, et ne se relevaient plus.

D'autres, attendant inutilement l'arrivée des vivres, s'exaspéraient, devenaient furieux, et épuisaient en invectives contre les Espagnols, leurs bourreaux, le peu de force qui leur restait.

Il y en eut beaucoup qui se nourrirent pendant quelques jours d'une herbe fine et serrée qu'on ne trouvait que dans certaines parties de l'île, et presque tous ceux qui firent usage de cette nourriture moururent dans d'affreuses convulsions ; on trouvait leurs cadavres de tous côtés.

Cependant, malgré ce triste spectacle, le caractère français reprenant le dessus, beaucoup d'entre les prisonniers trouvaient encore le moyen de plaisanter. On avait trouvé dans le vieux fort un âne servant à tourner le manége d'un puits qui fournissait de l'eau. Cet animal avait aussitôt été nommé don Martin, Martin étant justement le prénom de l'aumônier. On s'était amusé à faire faire au baudet des saluts et des gambades qui réjouissaient fort l'auditoire, et quand il se mettait à braire, ce qui lui arrivait assez souvent, c'était des applaudissements sans fin.

Mais il faut le dire, ces réjouissances n'avaient lieu que les jours de distribution ; les autres jours, et c'était malheureusement le plus souvent, le temps s'écoulait tristement dans l'attente d'une distribution qui ne venait pas.

Enfin, un matin, à bout de ressources, la distribution des vivres n'ayant pas eu lieu depuis quatre jours, les prisonniers résolurent d'immoler don Martin, non à leur colère ni à leur vengeance, il n'en était pas de celui-là comme de l'aumônier, son homonyme, mais à leur faim.

Don Martin représentait le poids de deux ou trois cents livres de viande fraîche, et cette considération fut cause de sa mort. Mais cette mort ne s'était pas accomplie sans opposition, et comme l'opposition venait de la part des officiers, les soldats n'en tinrent aucun compte ; ce fut le premier acte d'indiscipline.

Il y eut ensuite des murmures sur la manière dont se faisaient les distributions; les soldats prétendirent que leurs supérieurs étaient mieux partagés qu'eux-mêmes, et ils réclamèrent l'égalité devant les vivres.

Jusque-là, cependant, la discipline s'était assez

bien conservée; les distributions s'étaient toujours
faites par régiments, bataillons et compagnies.
A partir de ce jour, il n'en fut plus de même, ce
qui amena l'égoïsme.

L'égoïsme en était arrivé au point que l'on devenait indifférent pour les souffrances de son sembla-
ble; le chacun pour soi était fort à la mode,
et cependant, pour être juste, il faut dire aussi qu'il
y eut des actes de dévouement sublimes.

Un soldat conservait bien précieusement un morceau de pain comme dernière ressource; voyant un
de ses camarades sur le point d'expirer de besoin,
il le lui tendit en disant : « Prends, mon vieux, va,
je crois bien que je pourrai attendre jusqu'à
demain. » Cependant la distribution du lendemain
n'était rien moins que certaine. Cela se passait au
moment de la plus affreuse détresse, puisqu'on en
était venu à déterrer les pois et les fèves qu'on
avait semés, pour les manger, bien qu'ils fussent
déjà presque germés.

L'imprévoyance du soldat était à son comble;
sachant que les distributions ne se faisaient pas
régulièrement, chacun aurait dû essayer de faire
quelque provision, ou mettre en réserve ce qu'il ne
consommait pas. Mais point, on dévorait généralement en une seule fois les provisions de deux
jours, puis on restait quelquefois trois jours sans
manger.

Mon oncle qui, je l'ai constaté bien souvent,
était la prudence même, nous avoua que malgré ses

précautions, il fut souvent deux ou trois jours sans pouvoir prendre aucune nourriture.

Quand on apercevait, disait-il, le brick qui apportait les rations aux prisonniers, c'était des cris de joie, des hurras extravagants, des gambades à faire mourir de rire ; on sautait, on dansait, on s'embrassait, mais il arrivait quelquefois aussi que le vent contraire forçait le bâtiment à s'éloigner, alors, les cris de joie se transformaient aussitôt en pleurs et en gémissements à fendre l'âme.

Un jour, le brick, qui était déjà en retard, apparut aux prisonniers; il allait aborder quand tout à coup, une saute de vent le contraignit à s'éloigner de la côte; cependant, il parvint à s'affaler dans une crique assez éloignée de la station habituellement gardée par les canonnières espagnoles.

Les prisonniers, qui ne l'avaient pas perdu de vue, se précipitèrent vers l'endroit où il aborda, il en résulta une confusion au milieu de laquelle un certain nombre de Français essayèrent de se jeter à bord.

On coupa les amarres, et déjà ceux qui étaient parvenus à s'embarquer, se faisant une arme de ce qu'ils trouvaient sous leurs mains, avaient réduit l'équipage à s'enfuir dans la cale, et allaient prendre le large, lorsque les autres prisonniers, voyant que le reste des vivres leur échappait, se mirent à assaillir de pierres les maîtres du brick, qui avaient déjà jetés plusieurs marins à la mer. Le bruit de cette lutte attira les canonnières espagnoles qui s'em-

bossèrent immédiatement dans la baie, et mitrail-
lèrent coupables et innocents. Le brick fut bientôt
repris, les assaillants sabrés, et ce jour-là, comme
disait mon oncle en racontant le fait, on se *brossa*
généralement le ventre.

A partir de ce moment, il n'y eut plus du tout
de discipline dans l'île, l'esprit de révolte et la force
brutale régnèrent seules en toute souveraineté.

Un certain nombre d'officiers avaient été renvoyés
à Palma et à Mahon sous prétexte d'adoucissement,
mais comme ils ne voulurent pas se soumettre aux
exigences du gouverneur, pour je ne sais quelle
mesure, on les renvoya à l'île de Cabréra.

On craignait, vu l'esprit de rébellion qui régnait
dans l'île, que leur retour ne devînt l'occasion de
nouveaux troubles; cependant il n'en fut rien, au
contraire, on les accueillit assez bien, on leur fit
place dans les baraques où ils furent obligés de se
mêler aux simples soldats.

Justement à la même époque, les distributions
se firent avec plus de régularité, et, à tort ou à
raison, les soldats attribuèrent cette amélioration
au retour des officiers.

Ceux-ci, au nombre desquels se trouvait le sous-
lieutenant Rostolan, devenu plus tard général,
s'imaginèrent de monter un théâtre, d'autres établirent un café.

Ce luxe improvisé d'établissements, si peu en
harmonie avec la misère générale, ne tarda pas à
faire naître des discussions ; les soldats prétendirent

que *ces messieurs*, — c'est le nom qu'ils donnaient aux officiers, — ne pouvaient se permettre le délassement du spectacle qu'au détriment de toute la population de l'île.

On les traita d'accapareurs de rations, faisant de faux états sur lesquels figuraient des hommes morts ou à l'hôpital ; il y eut des discussions sans fin, on se dit des paroles amères qui dégénérèrent bientôt en provocations, lesquelles amenèrent des duels.

Les duels, à Cabrera, n'étaient pas le spectacle le moins curieux de ceux qu'on voyait dans l'île ; seulement, comme les armes avaient été retirées avec le plus grand soin aux prisonniers par les Espagnols, on en avait improvisé d'autres. On se battait à la canne, au bâton et *aux ciseaux*. Tirer les ciseaux était le suprême du genre, c'était ce qu'il y avait de mieux ; aux soldats, on laissait la canne et le bâton ; *ces messieurs* ne se battaient qu'aux ciseaux. A cet effet, faute d'épées, on avait trouvé le moyen d'emmancher solidement au bout de deux baguettes flexibles, les lames séparées d'une paire de ciseaux, et cette arme, malgré son apparence bénigne, faisait encore d'assez sérieuses blessures.

Mon oncle prenait plaisir à nous montrer, sur ses bras nus, plusieurs entailles qui lui provenaient de ce genre d'exercice.

Les mœurs des prisonniers, à Cabréra, n'étaient pas de la première pureté, sans doute, mais si l'on

en croit mon oncle, les prisonniers ont été fort
calomniés à ce sujet.

Cela ne nous surprendrait guère; Cabréra étant
située dans la patrie de Bazile, il n'y a rien d'éton-
nant à ce qu'il soit resté quelque chose des *on-dit*
de cette époque. Si le beau sexe était rare à Cabréra,
et il était dans la proportion d'une femme sur
environ deux cents hommes, jamais, nous assurait
mon oncle, une femme ne fut insultée.

Cependant, toujours d'après lui, et il s'y connaissait (nous reviendrons plus tard sur ce chapitre),
il y en avait plusieurs de jeunes et jolies.

Je soupçonne très-fortement une certaine Hon-
groise ou Polonaise, qui avait suivi un régiment de
lanciers en Espagne, d'avoir fort contribué à adoucir les rigueurs de la captivité de mon oncle à
Cabréra, et j'appuie en cela mon opinion person-
nelle, sur la beauté, la douceur, l'amabilité de la
personne en question, qualités sur lesquelles le bon
oncle ne tarissait jamais.

Une autre beauté, qu'on appelait la *Voltigeuse*, fut
vendue par un grenadier à un dragon, lequel la
revendit à un chasseur, qui la céda à je ne sais plus
qui; on prétend qu'elle eut le secret d'aimer pendant un certain temps, chacun de ses acquéreurs
successifs.

Dans toute société, il y a des honnêtes gens et
d'autres qui ne le sont pas : à Cabréra, il paraît
que les vols étaient assez fréquents; les vols de
nourriture principalement.

Les honnêtes gens de l'île, et il est juste de dire qu'ils étaient en majorité, se rassemblèrent pour élire un tribunal chargé de juger les coupables.

Mais, pour assurer l'exécution des arrêts de ce tribunal, il fallait un exécuteur et des instruments de supplice.

Hâtons-nous de consigner ici que les fonctions de l'exécuteur ne l'obligèrent jamais à verser le sang.

Tout individu convaincu du vol d'une ou plusieurs rations, était condamné à être attaché, nu, à un poteau, exposé aux ardeurs du soleil, pendant un temps plus ou moins long.

Ce tribunal fonctionna pendant la période de discipline, et suffit à réprimer le vol ; mais à partir de l'attaque du brick, toute discipline ayant disparu, la punition du *carcan*, c'est ainsi qu'on appelait l'exposition sur le poteau de punition, ne suffit plus ; les vols se multiplièrent, et les soldats exaspérés voulurent du sang.

Un troupier de la première légion, égaré par la faim, fut surpris par ses camarades, enlevant une moitié de pain dans une baraque ; aussitôt appréhendé au corps, on se mit en devoir de l'assommer ; mais il parvint à s'échapper des mains de ses bourreaux, et se jeta dans la mer qui était assez basse à cet endroit ; on le poursuivit dans l'eau en lui lançant des pierres énormes, et jusqu'à des poutres. Ayant la jambe cassée, le malheureux se relève et tombe, pour se relever et retomber encore en demandant grâce, mais ses prières sont inutiles, on arrive jusqu'à lui malgré ses supplications et ses cris, et on l'achève impitoyablement en le noyant.

Mon oncle, tout en me racontant ce fait, me dit qu'il inspira aux autres prisonniers une telle horreur, qu'ils ne voulurent plus avoir rien de commun avec ceux qui l'avaient commis.

On a aussi prétendu, qu'à Cabréra la disette de vivres était telle, que les prisonniers furent obligés de se nourrir de chair humaine ; un seul fait de ce genre a été constaté, et mon oncle a eu bien soin de me faire remarquer qu'il n'avait pas été commis par un Français.

Un Polonais ayant égorgé un cuirassier français, son camarade de lit, sala sa chair et se nourrit quelque temps de cette affreuse provision ; les Espagnols l'ayant découvert, le signalèrent au gouverneur de l'île qui le fit fusiller.

Quelques détails topographiques sur Cabréra aideront le lecteur à se faire une idée de ce que pouvait être la captivité dans un pareil endroit.

Après le premier orage dont nous avons parlé, les prisonniers se construisirent, dans l'île, des habitations plus solides que celles qui les avaient abrités en y débarquant.

Plusieurs habitations réunies sur le même point formait un cantonnement.

Ces cantonnements portaient des noms différents, selon qu'ils étaient destinés à telle ou telle partie de l'armée.

Il y avait le quartier du cent-ving-et-unième,

celui des marins de la garde, celui de la 5e légion ;
d'autres rappelaient la patrie absente, c'est ainsi
qu'on avait donné le nom de Palais-Royal au quartier qui, mieux construit que les autres, renfermait
une population composée en partie d'officiers ; il
était placé au centre du campement.

Le cimetière, où tant de nos compatriotes ont
laissé leurs os, était situé sur un petit tertre qu'on
avait surnommé la colline des morts; quand il faisait
un orage, les eaux descendant avec impétuosité le
long des pentes de cette colline, *ravinaient* les che-
mins, fouillaient le sol, et entraînaient souvent
avec elles des ossements et parfois aussi d'horribles
débris. Cependant, telle était l'indifférence de nos
malheureux prisonniers, que ceux qui habitaient
ce canton, n'éprouvaient aucune répugnance à se
servir de ces mêmes eaux pour tous les usages de
la vie.

Les prisonniers de Cabréra malgré leurs misères,
avaient cependant fini par s'habituer à cet affreux
séjour ; sans nouvelles de France, étrangers à tout
ce qui se passait en Europe, ils en étaient venus
jusqu'à se persuader sans trop de chagrin que cette
île inhospitalière serait leur tombeau.

Tout à coup le bruit se répandit qu'on allait
embarquer une division de huit cents hommes.
Sans connaître la destination de ce convoi, chacun
voulait en être: on ne pouvait être plus mal ailleurs
qu'à Cabréra.

Bientôt on vit entrer dans le port plusieurs em-

barcations espagnoles, et le 30 juillet 1810, le
premier convoi partit de l'île dans la direction de
Gibraltar. Mon oncle faisait partie de ce premier
départ ; il m'a souvent raconté cet épisode, la joie
des prisonniers qui partaient, la tristesse de ceux
qui voyaient avec un morne désespoir le départ de
leurs camarades, favorisé par une belle brise sud-
ouest, enfin son arrivée à Gibraltar, mais avant de
lui faire quitter la péninsule, nous devons dire,
toujours d'après ses récits, les tourments et les
atroces tortures que les Espagnols infligeaient aux
malheureux prisonniers qui tombaient isolément
entre leurs mains.

Je n'ai aucun sentiment de vengeance ni de haine
contre la nation espagnole, me disait souvent le
chevalier, je dois même ajouter que l'armée espagnole, la véritable armée formée de vieilles troupes, se battait fort bien, et que loin de se mêler
aux atrocités des bandes, elle a constamment cherché à protéger les Français désarmés contre la
fureur des populations.

Les plus grands ennemis des Français, nous
l'avons déjà dit, étaient les moines et des prêtres,
qui indignes de ce nom, portaient le crucifix d'une
main et le poignard de l'autre ; ces fanatiques encou-
rageaint le peuple dans ses horribles cruautés.

J'ai vu, me disait toujours mon oncle, j'ai vu,
de mes yeux vu, les restes de nos malheureux
camarades cloués sur les portes des paysans,
comme en France, les habitants des campagnes

'attachent à l'extérieur de leurs habitations les animaux malfaisants.

Un jour, entre autres, le détachement dont je faisais partie trouva sur son chemin plusieurs objets informes, auxquels tenaient encore des parties de vêtements; c'étaient les troncs de plusieurs dragons qu'on avait jetés vivants dans l'huile bouillante.

Je verrai toute ma vie ce hideux spectacle; ces cadavres étaient tellement raccourcis par l'action du feu, qu'ils n'avaient guère que soixante ou soixante-dix centimètres de longueur, et cependant c'étaient, de leur vivant, des hommes de la plus grande taille.

Une autre fois, nous avons reconnu un des hommes de notre légion, crucifié sur un poteau de la route, la tête en bas; on reconnaissait sur son cadavre entièrement nu, d'affreux dessins faits avec la pointe et le tranchant d'un poignard.

A la Carolina, les guérillas ayant surpris un commissaire des guerres et son domestique, on les plaça sur des tréteaux, entre deux madriers, on introduisit la lame d'une scie à l'extrémité, et on continua le travail jusqu'à ce qu'on fut arrivé à l'autre extrémité des planches. Les parties séparées des deux cadavres restèrent sur le chemin, livrées ainsi aux insultes de la populace.

A Lobrija, plusieurs Français furent enterrés jusqu'à la ceinture, on les laissa ainsi deux jours, mourants de faim, exposés à la chaleur du soleil;

puis les femmes et les enfants les foulèrent aux
pieds, et finirent par les assommer à coups de
pierres.

Quand par hasard nous trouvions, continue mon
oncle, des âmes charitables, ce qui était fort rare
dans les campagnes, mais assez fréquent dans les
villes, nous nous gardions bien de nous en glori-
fier ; ces braves gens ne s'exposaient à rien moins
qu'à être assassinés, pour nous avoir rendu le
plus léger service.

A Madrid, un hidalgo fut poignardé par un moine,
pour avoir donné asile à un officier français pour-
suivi par la populace.

Il me serait facile de multiplier les citations de
faits plus horribles les uns que les autres, mais
cela ne me paraît pas utile, seulement, je dois
ajouter que les Français, loin de recourir à la loi
du talion, ce qui aurait peut-être arrêté ces massacres, se bornèrent à exécuter strictement les lois
de la guerre. Les Espagnols pris les armes à la
main étaient fusillés ; il y en eût beaucoup même
qu'on relâcha sans leur faire aucun mal. L'armée
française, qui espérait pacifier le pays et amener
le règne de S. M. le roi Joseph, avait reçu des
ordres en conséquence ; les Espagnols furent bien
souvent ménagés aux dépens des Français.

Certains écrivains ont cherché à excuser les
massacres en leur donnant pour excuse l'amour de
la patrie et du prince, l'esprit national, enfin.
Nous le répétons, s'il y avait de l'esprit national

en Espagne, il s'était entièrement réfugié au sein de l'armée espagnole. Les prêtres et les moines, qui craignaient de voir pénétrer en Espagne nos idées révolutionnaires, et de perdre leur ascendant sur les populations ignorantes, firent à eux seuls tout le mal.

Ils nous dépeignirent d'abord comme des héré-tiques, auxquels on ne pouvait parler sans faire plusieurs signes de croix.

Ils nous annoncèrent comme des vampires altérés de sang, prétendant que nous enlevions les jeunes enfants pour en faire des repas horribles, au milieu d'orgies sans nom.

Enfin, nous l'avons dit, ils enseignèrent un catéchisme où il était dit que le massacre d'un Français était une action agréable à Dieu (1).

Exemple. *Demande :* Est-ce un péché d'assassiner un Français? — *Réponse :* Non, mon père; on fait une œuvre méritoire en délivrant la patrie de ces insolents oppresseurs (Chapitre III.), etc , etc.

Quel était donc le mobile qui faisait agir ces prêtres et ces moines? Cela n'est pas difficile à comprendre : le mobile, c'était la crainte de voir disparaître les abus dont vivait le clergé à cette époque, abus qu'il entretenait avec le plus grand soin en maintenant le peuple dans la plus stupide igno-rance.

Il en vivait, et il voulait en vivre le plus long-temps possible; nos idées de révolution et de liberté

(1) Voir l'*Histoire de France*, par M. Duruy.

2

pouvaient, en s'implantant dans le sol, déraciner
l'arbre des abus, et alors adieu les dîmes, les dona-
tions, les offrandes, les quêtes monacales, etc., etc.
Impôts très-lourds, très-indirets et très-irréguliers,
frappés sur le bon peuple espagnol, qui se laissait
faire avec tant de complaisance. Heureusement
pour lui, depuis ce temps-là la lumière a pénétré
dans la Péninsule et y règne, dit-on, en souveraine.
Tant mieux; nous faisons les vœux les plus sin-
cères pour que cela dure le plus longtemps possible

Maintenant, nous allons, avec la permission du
lecteur, suivre notre bon chevalier jusque sur les
pontons anglais.

II

Si l'empereur Napoléon 1er avait connu toutes
les horreurs de la captivité de ses soldats sur les
vaisseaux démâtés de la vieille Angleterre, il ne
serait certainement pas monté avec tant de confiance à bord du *Bellérophon*, et bien lui en aurait
pris. L'Angleterre, cette puissance qu'on trouve
chaque fois qu'il s'agit des malheurs de notre
patrie, l'Angleterre à cette époque était maîtresse
de la mer, elle nous avait pris nos colonies, elle
possédait déjà plus de soixante mille prisonniers
français depuis le commencement des premières
guerres de la République, et probablement elle n'en

avait pas encore assez puisqu'elle prenait, on ne sait trop pourquoi, une foule de prisonniers que les Espagnols eux-mêmes ne possédaient que par la plus insigne perfidie.

On transborda donc sur des vaisseaux anglais les six mille hommes de Cabréra, et on les conduisit en plusieurs convois à Portsmouth.

Les prisonniers espéraient un meilleur sort sur les pontons anglais, mais combien ils se trompaient. Le premier soin des Anglais, en les entassant sur des vaisseaux hors de service et entièrement rasés (c'est ce qu'on appelle des pontons), fut de les vêtir, attendu qu'ils étaient presque entièrement nus.

Mais, disait mon oncle, il faut bien se garder de croire que nos geôliers, si amateurs du confort pour eux-mêmes, nous donnèrent les vêtements que réclamaient les premiers froids de septembre ; on nous gratifia d'un pantalon, d'une veste de toile assez mince et d'une paire de sabots.

Il est vrai, ajoutait-il, qu'à l'armée du Rhin, nous n'avions pas de meilleures chaussures, mais cela ne nous empêchait pas de faire beaucoup de chemin.

Les vivres étaient distribués assez régulièrement, mais la quantité en était toujours insuffisante; ils se composaient de pain mal cuit et fabriqué avec des farines avariées de pois, de fèves ou de pommes de terre, et d'un peu de seigle.

Chaque prisonnier recevait environ une livre de

ce pain par jour, ce qui était notoirement insuffisant, et, de plus à peu près un quart de livre de viande ou de poisson salé, telle était la ration de chaque prisonnier.

Si encore avec cela l'eau eut été bonne, mais elle était de mauvaise qualité, et on la mesurait avec tant de parcimonie que l'on était souvent exposé à subir tous les tourments de la soif.

Au bout de quelque temps d'un séjour infect sur des bâtiments pourris, où les prisonniers étaient entassés dans un espace insuffisant, on les débarqua pour les interner dans les prisons du château de Portchester.

Portchester est un vieux domaine du moyen âge, qui, dit-on, servit de prison à la malheureuse Marie Stuart. Quelques constructions modernes ajoutées avec peu de goût en ont fait une prison dont les cours sont assez spacieuses.

Là, au moins, disait le chevalier quand il racontait sa captivité, nous avions un peu plus d'air que sur les pontons, mais nous n'y étions guère plus heureux. Voici comment s'employaient nos journées : le matin, à cinq heures, tel temps qu'il fasse, on nous faisait défiler un à un entre deux haies de soldats, qui ne cessaient de nous interpeller en nous appelant *french dog*, ce qui signifie tout simplement *chien de Français*. Quelquefois même ils accompagnaient ces politesses de quelques coups de crosse de fusil, surtout quand nous n'allions pas assez vite à leur gré.

Une fois arrivés dans les cours, on nous laissait là, grelottant, les pieds dans la boue une heure ou deux, sous prétexte de faire l'appel, puis on nous distribuait le pain et nous rentrions jusqu'à midi.

A midi, même sortie, et si nous faisions mine de vouloir nous échauffer en sautant ou en courant, on nous menaçait aussitôt de faire feu, de sorte qu'il fallait, malgré le froid, rester immobile ou à peu près. Quand nous avions été bien sages, on ne nous faisait guère attendre qu'une heure notre ration de soupe et de viande, puis on rentrait de nouveau.

Enfin le soir, les geôliers nous permettaient encore de prendre le *frais*, puis la cloche donnait le signal de la retraite, et on allait se coucher. Cette existence d'abrutissement dura fort longtemps ; heureusement qu'on nous envoya des marins, prisonniers comme nous, ce qui amena une heureuse diversion.

Ces marins, à l'imitation des forçats, s'imaginèrent de sculpter les os qu'ils ramassaient à la cuisine, et d'en faire des boutons et toutes sortes de menus objets.

D'autres se mirent à tresser la paille de leur lit, et en firent des chapeaux supportables.

La vente de ces objets ayant rapporté quelque argent à ceux qui les avaient confectionnés, tout le monde, ou du moins une très-grande partie des prisonniers se mit à la besogne.

On fit de la tapisserie, du tricot, des bretelles,

des bas, des gants, des bourses, du filet, etc., etc.

Pendant qu'on travaillait, on ne pensait pas trop aux désagréments de la captivité, et puis, on était parvenu à faire passer en fraude un certain nombre de journaux. Que d'événements s'étaient accomplis en notre absence ! Combien nous regrettions de ne pas nous être trouvés avec notre Empereur à Austerlitz, à Iéna, à Eyleau et à Friedland.

Mais ce qui nous causait le plus de plaisir, à nous autres prisonniers d'Espagne, c'était de savoir que l'Empereur, dans sa campagne de 1808, avait pris Madrid, aboli l'inquisition, chassé les Anglais de l'Espagne et pris Saragosse.

Malheureusement, l'Empereur fut obligé de quitter son frère Joseph, qu'il avait rétabli sur le trône, parce que l'Angleterre venait d'exciter l'Autriche à reprendre les armes ; de là les nouveaux et irréparables désastres qui nous forcèrent à évacuer l'Espagne.

Nous étions en 1811 ; nous avions appris avec peine le divorce et, presque en même temps, on nous annonçait la naissance du roi de Rome ; l'Empereur s'était donc remarié, et avec qui ? avec une Autrichienne !.....

L'annonce de ces événements successifs, qui parvenaient à notre connaissance sans dates certaines, jetait la confusion dans nos esprits ; nous ne savions plus comment nous vivions.

C'est-à-dire que je me trompe, quand les Anglais avaient le dessous, et nous étions au plus fort du blocus continental, nous nous en ressentions aussitôt. Les mesures prises à notre égard devenaient plus sévères, et nos gardiens plus rogues et plus méchants.

Cependant, malgré ces recrudescences de brutalité de la part des soldats, car nous n'entendons pas rendre le gouvernement anglais responsable de ces tracasseries, nous commencions à éprouver un peu de bien-être relatif.

Un soldat, né dans un de nos départements du Nord, s'avisa un jour, guidé par ses souvenirs d'enfance, de faire de la dentelle. Il y réussit et vendit très-avantageusement ses produits aux Anglais. Il n'en fallut pas davantage pour que tout le monde se mit à l'imiter, il voulut bien faire des élèves, on monta des métiers, et, en moins de six mois trois mille hommes faisaient de la guipure.

L'intérieur de cet atelier était très-curieux à voir : de vieilles moustaches qui avaient blanchi dans les combats, se livraient avec le plus grand sérieux du monde à des travaux qui sont ordinairement l'apanage de l'autre sexe.

On avait acquis dans la confection de la dentelle, toute la patience et la délicatesse nécessaires ; on brodait des voiles et des robes dont les dessins étaient fort bien exécutés, et on atteignit même une telle perfection que plusieurs de nos produits furent envoyés sur le continent.

Il eut été assez singulier que nos dentelles, saisies en contrebande aux frontières de France,

fussent brûlées comme marchandises anglaises:
le fait m'a été assuré, mais il est permis de le révo-
quer en doute.

Le produit de la rémunération de notre travail
(je laisse toujours, on le voit, la parole à mon oncle),
nous permit de nous donner bien des *douceurs*.

Mais ce qui apporta la plus grande amélioration
à notre sort, ce fut la permission de recevoir et
d'envoyer des lettres.

Nous allions donc savoir d'une manière positive
ce qui se passait en France; l'ignorance où nous
étions des événements politiques augmentait les
tourments de notre captivité.

Comme l'argent ne nous manquait plus, je parle
seulement de ceux qui travaillaient, car il y en
avait beaucoup qui avaient constamment refusé de
se livrer à aucune occupation. Des besoins nouveaux
se firent sentir, on voulut être habillé plus chaude-
ment ou plus confortablement, pour me servir d'un
mot qui nous vient de nos geôliers.

La nourriture de la prison qui avait toujours
été, il faut-être juste, très-mauvaise et en quantité
insuffisante, ne nous convint plus; on voulut
mieux.

Aussi on vit s'établir des ateliers de toutes sortes,
tailleurs, cordonniers, chapeliers même; on ouvrit
des restaurants à la portion; il y avait les portions
d'officiers et les portions de soldats, les premières
étaient nécessairement plus chères que les autres.

On ouvrit aussi une école où il ne manquait pas

de professeurs. On y enseignait tout ce qu'il est possible d'enseigner : les langues française, anglaise et allemande, l'écriture, le dessin, la musique, la danse, l'escrime, etc., etc. Beaucoup de prisonniers qui étaient entrés illettrés sur les pontons, devinrent des savants à leur retour en France. Mais malheureusement on ouvrit aussi des cafés, et si, dans l'école, on trouvait pour les arts, les sciences et les lettres, tous les professeurs imaginables, on trouva dans les estaminets des professeurs de jeux ; je dis de *jeux au pluriel*, parce que chaque professeur avait sa spécialité. Celui-ci montrait l'écarté et le moyen de faire sauter la coupe ; celui-là le piquet voleur, où l'un des deux partners était toujours certain d'être dupé.

Le gouverneur avait beau se montrer intraitable pour les joueurs, ils trouvaient toujours le moyen d'échapper à toute surveillance.

Inutile de dire que les adeptes les plus fervents du jeu se recrutaient parmi ceux qui n'avaient jamais voulu se livrer au travail. Ces malheureux jouaient avec un tel acharnement qu'ils en perdaient même le sommeil, jouant leurs habits, leur nourriture, et, ajoute mon oncle, je n'exagère rien, en disant que dénués de tout, je les ai vus souvent chercher dans les immondices de quoi assouvir leur faim.

Le jeu engendre naturellement les disputes, des disputes au duel, quand il s'agit de soldats il n'y a qu'un pas, aussi les duels étaient-ils très-fréquents

2.

sur les pontons, si fréquents que bien que les maîtres d'escrime ne manquassent pas, le nombre en fut reconnu insuffisant; en conséquence, tout ce qui ne travaillait pas s'intitula professeur d'escrime.

Ces professeurs d'un nouveau genre s'organisèrent en société, ayant un président qu'ils appelaient leur capitaine.

Comme ils étaient fort mal vêtus, n'ayant que trois ou quatre vêtements assez propres pour cent cinquante ou deux cents sociétaires, les autres prisonniers les avaient surnommés les *raffalés*.

Ces malheureux cherchaient querelle aux autres, particulièrement aux travailleurs, et cela à tout propos. On fut obligé de les reléguer dans une salle particulière où ils souffrirent tellement du froid que plusieurs en moururent, mais il faut le dire, on ne les regretta pas du tout. A Portchester, de même qu'à Cabréra, mais avec bien plus de facilités encore, les prisonniers montèrent un théâtre qui était un petit prodige. Il avait été construit dans la grande tour du château que l'on appelait la tour carrée, et il pouvait contenir de deux cent cinquante à trois cents spectateurs.

On y joua tous les genres, et l'on triompha de tous les obstacles à force de courage et de bonne volonté. — Un ancien garçon d'accessoires, nommé *le Parisien*, avait assez bien machiné la scène; le personnel féminin fut recruté parmi les plus jeunes, et bientôt, tous les paysans des environs accoururent aux représentations dont ils faisaient leurs délices.

Mais, hélas ! tout ce bonheur ne devait pas être de longue durée ; les Anglais, jaloux de nos succès, empêchèrent leurs compatriotes d'assister à nos spectacles.

D'un autre côté, la discorde s'était glissée parmi le personnel des acteurs et des *actrices*.

Les *actrices*, par leur coquetterie sans bornes, nous coûtaient fort cher ; il n'y avait pas de costumes assez recherchés pour *ces dames*, de là les murmures, et notre directeur qui était un ancien sergent de la 5e légion, décida qu'on augmenterait les émoluments de ceux qui rempliraient des rôles de femmes, mais que la direction n'entendait pas se charger de la fourniture des costumes.

Tous les acteurs féminins donnèrent leur démission en masse, et il fallut recomposer une nouvelle troupe ; comme mon oncle n'avait que fort peu de barbe, il fut désigné pour l'emploi de grande coquette. Il nous faisait mourir de rire, quand, après un repas de famille, il se mettait à nous débiter un de ses anciens rôles.

Sur le théâtre de Portchester, on joua un répertoire assez varié de tragédies, de comédies et surtout de vaudevilles. Parmi les pièces les plus souvent représentées, on doit signaler : *Les deux journées, Françoise de Foix, Adolphe et Clara* ; ces jours-là, on faisait salle comble.

Tout allait donc le mieux du monde, quand tout

à coup, sans que rien ne nous le fit prévoir, nous ignorions que l'Empereur, à Milan, à Amsterdam et dans bien d'autres endroits encore, faisait brûler les marchandises anglaises, on nous prévint qu'il était défendu de travailler, et surtout de faire de la dentelle.

L'exécution suivit de près la menace, les soldats investirent nos ateliers, brisèrent nos métiers, et, pour qu'il ne nous soit plus possible de les remonter, en brûlèrent les débris.

Cette mesure barbare nous plongea tous dans le découragement le plus complet ; plus de travail, partant plus de rémunération. Tant mieux pour ceux qui avaient économisé, car la détresse se fit bientôt sentir.

Il fallait de nouveau se contenter des vivres qu'on voulait bien nous allouer, et comme on était déshabitué de la cuisine anglaise, cela parut fort dur à plusieurs d'entre nous.

D'un autre côté, comme nous étions arrivés en décembre 1812, les nouvelles qui nous parvenaient n'étaient pas de nature à nous réjouir. C'est une justice à rendre à MM. les Anglais, quand il s'agissait d'une mauvaise nouvelle, ils s'empressaient de nous l'annoncer. C'est ainsi que nous apprîmes, dans le courant de ce même mois de décembre 1812, les désastres de la retraite de Russie ; on voit que nos geôliers étaient informés vite et bien.

Oh ! comme nous maudissions notre inaction, nous qui étions là, toute une armée impuissante et nutile, comme nous aurions bien donné, si on nous l'eût demandé, chacun une partie de nous-même pour voler au secours de nos camarades.

Quand nous apprenions le plus petit succès de nos armes, c'était des cris, et des hourras, à faire trembler nos gardiens. Ces jours-là, nos rations étaient plus minces, les rebuffades plus fréquentes. Peu nous importait; nos cris et nos hurras étaient là seule protestation qui nous fût permise, et nous en profitions largement. Nous étions arrivés en 1814, au commencement d'avril, nous connaissions, mais incomplètement et d'une manière indirecte, les tristes événements dont la France venait d'être le théâtre, et nos geôliers, en nous les racontant, nous faisaient pressentir que le moment de notre mise en liberté approchait.

Cette nouvelle qui aurait dû nous combler de joie, nous laissa presque indifférents.

L'Empereur, dont nous nous étions plus à faire notre divinité, et pour lequel nous avions un attachement sans bornes, allait être lui-même exilé, prisonnier peut-être !

Combien d'entre nous auraient préféré passer encore dix années sur ces affreux pontons, ou dans ces inhospitalières prisons, plutôt que de voir tomber celui qui avait porté si haut la gloire de la nation française.

Hélas! que pouvions-nous? si ce n'est faire de stériles vœux et nous résigner, comme l'avait dit le grand homme à Fontainebleau :

« Résignez-vous donc, disait-il à ses vieux gro-
» gnards, résignez-vous à vivre sous les Bourbons
» et à les servir fidèlement. »

Pendant que notre Empereur traversait la France,
et qu'à partir de Lyon jusqu'à son embarquement
pour l'île d'Elbe sur une frégate anglaise, — toujours les Anglais ! — la populace proférait des cris
de mort sur son passage, un officier supérieur de
la marine française pénétra dans notre prison. Il
nous annonça avec bien des précautions oratoires
le changement qui venait de s'opérer en France.
On lui répondit par des cris de : Vive l'Empereur !
et plusieurs ajoutèrent : « Nous aimons mieux
rester ici que d'aller avec vous. »

Enfin, malgré ces cris et ces protestations, il
fallut songer à revenir en France, et notre chevalier
fit partie du premier convoi. Je dois le dire, ajoutait-il quand il avait terminé le récit de ses misères
sur les pontons, on m'avait fait un tel récit de
l'Angleterre, lorsque nous étions en Espagne, on
m'avait dépeint ce pays sous de si brillantes cou-
leurs, que je le croyais l'asile de toutes les vertus.
Malheureusement il n'en est rien. L'Anglais, c'est
toujours le chevalier qui parle, l'Anglais, pour moi,
n'a qu'une seule vertu, c'est qu'il est le peuple le
plus national de la terre; seulement, il pousse cette
vertu beaucoup trop loin : s'enorgueillir d'être
Anglais et avoir le plus profond mépris pour les
autres nations, tel est son unique principe, et il ne
se faisait pas faute d'en user à notre égard.

Mais si les Anglais trouvaient trop doux pour nous autres Français les plus durs traitements, il n'en était heureusement pas de même des Anglaises. Plusieurs d'entre nous avaient contracté, dans les commencements de notre détention, de tendres liaisons avec certaines dames britanniques, ils proposèrent de les épouser afin de les emmener avec eux en France, mais, en jaloux fils d'Albion qu'ils étaient, non-seulement les Anglais s'opposèrent à ces mariages, mais encore ils signifièrent aux prisonniers d'avoir à s'embarquer seuls. Les femmes éplorées les supplièrent, mais en vain, on fut inflexible.

Il est vrai d'ajouter, et le chevalier fut du nombre de ces privilégiés, que si les belles veuves se résignèrent momentanément à une séparation forcée, elles surent bien, plus tard, se rapprocher de ceux qu'elles aimaient.

Le 1er juin 1814, le convoi dont faisait partie mon oncle fut dirigé sur Portsmouth; on leva l'ancre le même soir, mais le mauvais temps ayant forcé le bâtiment à relâcher sur les côtes anglaises, ce ne fut que le 10 qu'il put entrer dans le port de Saint-Malo.

Jamais, me disait mon oncle, jamais je n'oublierai le moment où je touchai pour la première fois depuis si longtemps le sol de la patrie.

Prisonnier depuis le 10 juin 1807, par une coïncidence singulière je rentrais en France un 10 juin, mais c'était sept années après !

J'allais donc pouvoir enfin embrasser ma mère,
mes frères, mes sœurs, qui devaient être de belles
grandes filles maintenant. Mais qu'allais-je faire ?
j'étais absolument sans ressources, le métier de
menuisier que j'avais appris ne me souriait pas
trop ; celui des armes, désormais, était un métier
perdu, que faire ? je n'en savais absolument rien.
Enfin je pris la diligence pour Paris où j'arrivai
le 15, brisé de fatigue et d'émotion.

J'arrivai dans la capitale, encore toute surprise
d'avoir vu entrer Louis XVIII dans une voiture
aux livrées vertes et or de l'Empereur, escorté par
la vieille garde et ayant des maréchaux de l'empire
à ses portières.

Je n'en pouvais croire ni mes yeux ni mes
oreilles, continuait mon oncle, et ce fut bien pis encore, lorsque j'appris que le ministre de la guerre
était ce même général Dupont, le fameux héros de
Baylen, la cause de tous nos malheurs.

III

Mon oncle se rendit directement à Versailles, où
ma grand'mère était venue se fixer vers 1800.
Versailles, depuis fort longtemps, était la résidence
de la famille de Lisle, et puis, il y avait dans la rue
des Bourdonnais, un certain cousin, lieutenant-

colonel retraité, de la branche des de Lisle de Monaco, dont nous parlerons plus tard, qui avait offert ses bons offices, mais malheureusement il ne pouvait pas grand chose. Mme veuve de Lisle avait remué ciel et terre pour avoir des nouvelles de son fils, mais aucune de ses lettres ne lui étaient parvenues.

Elle s'était alors adressée à une grande dame, Mme d'Aiguillon, dont le mari avait été un des amis et protecteurs de mon grand-père. Mme d'Aiguillon avait, à force de démarches, réussi à faire placer les deux jeunes de Lisle à l'école des arts et métiers de Châlons, et par l'entremise de Mme de Mackau, elle avait fait obtenir de S. M. l'Impératrice Joséphine, un bureau de tabac à ma grand'mère. Nous ne chercherons pas à décrire les scènes d'attendrissement qui se succédèrent à l'arrivée de mon oncle; c'était des embrassements mêlés de pleurs, c'était du délire, c'était de la folie.

— Oh! je pensais bien souvent à toi, mon pauvre ami, disait la mère à son fils; va, on ne t'oubliait pas ici, je faisais tous les dimanches brûler pour toi un cierge à l'autel de la vierge.

On m'avait promis de te faire revenir plus tôt; Mme d'Aiguillon, notre bonne providence, à laquelle nous devons tant, s'est multipliée pour nous obtenir quelque chose. Mais hélas! les événements ont bien mal tourné pour nous. L'Impératrice, la bonne Joséphine, que nous avons perdue il y aura bientôt un an, s'intéressait beaucoup à toi; elle avait même promis de te faire nommer lieutenant ou capitaine à ton retour. Elle avait chargé Mme d'Aiguillon de te rappeler à son souvenir, j'ai ici des lettres qui te prouveront ce que j'avance.

Ah! c'est un bien grand malheur que nous l'ayons perdue; son règne d'ailleurs avait été si court, pauvre femme...

En disant cela, la bonne mère allait à son secrétaire, et en tirait une liasse de lettres qu'elle remettait à son fils.

En voici une, prise au hasard dans la même liasse que nous avons trouvée étiquetée et classée à la mort du chevalier.

A Madame d'Aiguillon, poste aux chevaux, à Versailles.

Madame,

J'ai montré à Sa Majesté la lettre que vous m'avez fait l'honneur de m'écrire le 6 mars.

L'Impératrice me charge de vous dire, Madame, qu'elle fera donner quelque chose à M. de Lisle lorque l'occasion s'en présentera.

J'ai l'honneur d'être, Madame, votre très-humble et très-obéissante servante,

Signé : Annette DE MACKAU.

Navarre, 9 mars 1811.

— Tu vois bien, dit Mme de Lisle à son fils, nous jouons de malheur, nous aurions certainement obtenu quelque chose sans ces malheureux événements.

— Ah! mon Dieu dit-elle encore, mais j'y pense, que vas-tu faire à présent? Reprendras-tu du service?

— Non, ma mère, non, quant à présent du moins; je ne veux rien solliciter ni rien devoir au ministre de la guerre actuel, je l'ai trop en horreur.

— Eh mon Dieu, que feras-tu donc?

— Eh bien, ma mère, j e donnerai des leçons; je sais assez passablement la musique, et on prétend que je ne dessine pas trop mal, nous verrons bien; et puis, dans ces moments de troubles, toi et mes sœurs pouvez avoir besoin de protection, Dieu merci, je serai là.

— Quant à ça, c'est vrai, répondit la mère, car, pas plus tard qu'hier, ta sœur Louise a été poursuivie par un de ces affreux étrangers. Mais j'espère bien que tu ne donneras pas longtemps des leçons. Voyez-vous un bel officier comme mon fils, courir le cachet...

Oh! mais, non, cela ne se peut pas, et dès demain, je cours chez Mme d'Aiguillon.

Ma grand'mère en effet, le lendemain, alla à la poste aux chevaux; on sait que c'est là que demeurait Mme d'Aiguillon. Mme d'Aiguillon voulu bien tenter une démarche auprès de M. de Mesnard, aide-de-camp de S. A. R. Mgr. le duc de Berry, et M. de Mesnard consentit à ce que le jeune de Lisle lui fut présenté.

Il est juste de dire qu'à cette audience, mon oncle fut assez mal reçu; ce dernier avait un tort impardonnable aux yeux des royalistes, c'est qu'au lieu d'avoir servi dans l'armée de Condé, il avait servi *l'usurpateur*, et en 1814 c'était un grand crime.

En effet, en 1814, les honneurs et les places étaient exclusivement réservés à ceux qui avaient émigré.

Des hommes qui n'avaient jamais été soldats devenaient généraux, et leur temps d'émigration leur comptait comme service actif.

Après l'audience de M. de Mesnard, mon oncle fut donc à peu près aussi avancé qu'auparavant; seulement, il emportait comme eau bénite de cour, une promesse de réintégration, soit dans l'armée royale, soit même si c'était possible, dans la maison militaire du roi, qu'on était en train de former.

Quelque temps après, cependant, mon oncle recevait avis qu'il était nommé lieutenant dans les gardes de la porte de la maison du roi.

Mais Pierre-César fut peu sensible à cet honneur, il ne se présenta pas, fut considéré comme démissionnaire, et continua de donner des leçons. Tout en faisant solfier et esquisser ses élèves, le chevalier ne pouvait s'empêcher de jeter des regards de regrets vers l'île d'Elbe.

De son côté, Napoléon, trop à l'étroit dans son île, jetait aussi de fréquents regards vers la France. Il en jeta tant et si bien, qu'un beau matin, c'était dans les premiers jours de mars 1815, le bruit du débarquement de l'Empereur parvint jusqu'à Versailles.

C'était un peu bien hardi, mais le chevalier reconnaissait le maître aux coups qu'il frappait.

Il plia bien proprement et sans bruit son uniforme dans une serviette, entortilla son épée avec de vieux chiffons, mit le tout dans une malle, et alla embrasser sa mère. Celle-ci, surprise de cet accès subit de tendresse, lui demanda ce dont il s'agissait :

— Je vais voir mes frères à Châlons, répondit-il, il y a longtemps que je ne les ai embrassés, du reste ajouta-t-il je serai de retour ici dans quelques ours.

La bonne mère, qui était peu au courant des événements politiques crut son fils sur parole, l'embrassa et le laissa partir.

Le chevalier prit en effet la route de Châlons, serra la main à chacun de ses jeunes frères et poussa jusqu'à Lyon.

A Lyon, l'Empereur, auquel venait de se joindre Labédoyère et toutes les troupes de Grenoble, faisait justement son entrée, et reprenait dans cette ville l'exercice du pouvoir souverain.

Inutile d'ajouter que le chevalier s'empressa d'ouvrir sa malle, de déplier la serviette qui contenait son uniforme, et de retirer les chiffons qui enveloppaient son épée.

Le lendemain, il faisait partie du cortége qui

reprenait le route de Paris, où il arriva le 20 mars.

Une fois à Paris, le chevalier était trop près de sa famille pour résister au plaisir d'embrasser sa mère et ses sœurs; il prit un *coucou*, c'était dans ce temps-là l'unique moyen de locomotion de Paris à Versailles.

Les embrassades ne durèrent pas bien longtemps, car le 1er mai, mon oncle repartait pour rejoindre son nouveau corps.

Les environs de Paris retentissaient du bruit de la guerre; on ne rencontrait partout que convois d'artillerie, fourgons militaires, et de nombreux détachements de soldats qui rejoignaient.

C'était juste au moment où les ouvriers des faubourgs venaient offrir à l'Empereur de les armer pour la défense de la patrie.

Offre généreuse qui ne fut pas comprise et que Napoléon refusa, ce qui fut pour lui faute irréparable. Mais comme il avait sous sa main une belle et bonne armée de cent trente mille homme avec trois cent cinquante pièces de canon, il trouva que c'était suffisant pour le moment, et franchit la Sambre le 15 juin.

Nous renvoyons à l'histoire pour le récit de la bataille de Waterloo; tout ce que nous pouvons dire, c'est que le chevalier y accomplit des prodiges de valeur.

Il faisait partie du corps d'armée du général Lobau, à Planchenoît, lequel arrêtait la moitié de l'armée prussienne pendant une heure, et cette heure suffisait aux colonnes rompues de l'armée françaises pour se reformer, atteindre Charleroi et rentrer en France.

Notre chevalier, malgré toute sa bonne volonté, n'avait pu attraper que deux ou trois coups de sabre, ce qui l'obligea à revenir le bras en écharpe et le front bandé se faire soigner à Versailles.

J'avais un faux air du maréchal Rantzau, me disait mon oncle lorsqu'il me racontait son retour de Waterloo; et cependant, je n'étais pas des plus blessés, puisque je n'avais qu'un coup de sabre sur la tête, un coup de baïonnette dans le bras, et un éclat d'obus aux deux jambes, mais j'étais tellement entortillé de linge qu'on m'aurait pris pour un *échappé* d'hôpital.

C'était fort plaisant sans doute; mon oncle était d'humeur fort gaie, mais je trouvais, moi, que ce n'était pas si plaisant que ça.

Au moment même ou la mère et les sœurs, effarées de tout cet appareil de linge, de charpie et de sang, allaient lever l'appareil, ou plutôt les appareils, on entendit un coup de canon retentir, puis un autre, puis un autre encore.

— Qu'est-ce que cela? dit mon oncle, est-ce que ces coquins de Prussiens seraient déjà par ici?

Aussitôt, remettant ses bandes tant bien que mal, n'écoutant pas les observations de sa mère qui le suppliait de rester, il revêtit son uniforme, prit son épée et se rendit à la Mairie.

L'Hôtel-de-Ville de Versailles était encombré de gardes nationaux qui demandaient des cartouches; beaucoup d'ouvriers se faisaient distribuer les quelques fusils qui restaient disponibles. Qu'était-ce donc, et pourquoi tout ce bruit?

C'est que le 1er juillet 1815, l'armée prussienne, commandée par le vieux Blücher, nommé on ne sait trop pourquoi par ses soldats le *Maréchal en Avant,* lui qui les avait si souvent fait marcher en arrière, s'étendait derrière la Seine, sur une longueur de plusieurs lieues.

Le vieux Blücher, général demi-sauvage, qui se flattait de s'être essuyé les mains avec les rideaux de mousseline des châteaux impériaux, était impatient d'arriver à Versailles. Il s'avançait avec la plus grande confiance; la cavalerie et l'état-major prussiens suivaient la route de Saint-Germain à Versailles, lorsqu'étant arrivé sur les hauteurs de Rocquencourt, le canon français et la fusillade se firent entendre.

C'était Vandamne, qui près de la porte Saint-Antoine, venait de faire démasquer une batterie de douze pièces, dont les boulets enfilaient la route et enlevaient aux Prussiens des files entières. Pendant ce temps-là, les troupes cantonnées à Versailles, auxquelles s'étaient joints les gardes nationaux, se répandant sur les flancs de l'armée prussienne, lui faisaient subir des pertes énormes.

Les Prussiens, surpris, se replièrent et se formèrent en carrés, mais l'attaque des Français, faite avec la vigueur et l'impétuosité qui caractérisaient le fougueux Vandamme ne leur laissa pas le temps de se reformer; la cavalerie lâche pied, les carrés sont enfoncés et plusieurs bataillons mettent bas les armes. Je ne puis jamais passer sur cette route sans penser à ce fait d'armes, qui m'a été bien souvent raconté par mon père, dans nos promenades à Versailles. Mon père, en sa qualité de garde national, avait assisté à cette prise d'armes, et n'avait pas quitté mon oncle qui était déjà son ami.

Chaque fois que je vais à Versailles par Rocquencourt, je cherche en vain dans la plaine, à droite et à gauche de la route, quelque monticule indiquant la sépulture d'un soldat prussien.

Car, me disait mon père, on en a *furieusement* enterré de chaque côté de cette route.

En effet, presque tout l'état-major de l'armée prussienne, qui avait pris la route comme étant plus commode pour les chevaux, avait péri dans cette rencontre.

C'était fort bien jusque-là, sans doute, mais c'est la suite qu'il aurait fallu prévoir :

La suite, elle, ne se fit pas attendre bien longtemps : l'armée prussienne étonnée, surprise un instant, s'est bientôt reformée, et elle marche cette fois sur Versailles avec l'intention de brûler la ville.

Les Versaillais n'ont pas même la consolation de compter pour se défendre sur l'appui de l'armée;

les ordres de Davout, ministre de la guerre, sont
formels : on doit cesser le feu partout.

En conséquence, l'armée française se replie sur
la Loire. La municipalité de Versailles se rassemble
à la hâte, on n'a que peu de temps pour délibérer ;
enfin, le maire, M. de Jouvencel, se dévoue, entre
en pourparlers avec les chefs de l'armée ennemie,
Versailles est à peu près préservée du pillage et de
l'incendie dont il était menacé.

La part que prit à cette affaire notre chevalier
est attestée par la pièce suivante :

GARDE NATIONALE URBAINE.

VILLE DE VERSAILLES

3e Bataillon.

» Nous, soussignés, certifions que le sieur
» Pierre-César de Lisle, officier français, s'est pré-
» senté sous la responsabilité d'un de nos sergents,
» pour demander du service dans la 2e compagnie
» du second bataillon de notre garde, le vendredi
» trente juin mil huit cent-quinze, qu'il y a fait
» son service jusqu'à ce jour avec honneur et
» exactitude, et qu'il a contribué de tout son pouvoir,
» tant par son zèle que par la voie des conseils, à
» contenir les mutins dont l'indiscipline tendait à
» compromettre la sûreté générale.

» En foi de quoi nous lui avons délivré le pré-
» sent, pour servir et valoir ce que de droit.

» A Versailles, le 10 juillet 1815.

» *Signé :* MONDRAGON, chef de bataillon, DEFOULTE,
»capitaine; LECHAIS, lieutenant; MONJARDET, sergent.

» Vérifié les signatures ci-dessus,

» A Versailles, le 11 juillet 1815,

> *Signé :* Le colonel,
> Baron DE VIELCASTEL. »

Mon oncle, par ses conseils et par son zèle avait
donc contribué à contenir les *mutins, dont l'indiscipline tendait à compromettre la sûreté générale.*

Qu'était-ce donc que ces mutins ?

En voici l'explication telle que me l'a donnée mon
père dans le temps :

Lors de la première arrivée des Prussiens en
vue de Versailles, on avait armé à la hâte un certain nombre d'hommes du peuple ; ces braves gens,
qui ne connaissaient qu'imparfaitement les termes
et les conditions de la capitulation consentie par le
maire, en voyant dans les rues de Versailles des
uniformes prussiens, ne purent résister au désir
d'essayer leur adresse : de là, quelques coups de
fusils qui faillirent coûter fort cher à nos compatriotes.

La garde nationale se mit à la poursuite et à la
recherche de ces *mutins*, on en arrêta quelques-uns,

et la paix fut enfin rétablie. Les habitants de Versailles tremblaient que les Prussiens, exaspérés par cette résistance inopportune, ne revinssent sur la parole donnée.

Après ces différents événements, le chevalier remit l'épée au fourreau et attendit.

Son attente ne fut pas de longue durée; un mandat d'amener fut lancé contre lui comme étant convaincu d'avoir trahi la cause royale en se joignant à ceux qui avaient *ramené l'usurpateur* à Paris.

Mon oncle apprit par son ami, le sergent Monjardet, les poursuites dont il était l'objet. On pense bien que cela mit toute la maison en grand émoi. La mère, les sœurs pleuraient; on conseillait au chevalier de se cacher, mais là était l'embarras, où aller?...

Ma grand'mère alla trouver l'éternelle mais infatigable madame d'Aiguillon, qui, à la première parole, branla la tête. Madame d'Aiguillon n'était plus jeune, et elle n'avait qu'une très-médiocre confiance dans les démarches personnelles qu'elle pourrait tenter, étant elle même entachée de bonapartisme, pour ses relations avec l'impératrice Joséphine.

Cependant elle promit de faire agir une de ses amies auprès de madame la duchesse d'Angoulême.

Elle tint sa promesse, et le chevalier dut à l'intervention de madame d'Angoulême auprès du roi Louis XVIII de ne pas être inquiété.

Le chevalier n'en demandait pas davantage, il savait que désormais sa carrière militaire était perdue; en conséquence, pendant les années 1816, 1817 et 1818, il continua de donner des leçons de musique et de dessin comme par le passé.

IV

Pendant les événements de 1815, à Versailles, et dans les rangs de la garde nationale *urbaine*, comme dit le certificat que nous avons vu, le chevalier avait fait la connaissance d'un jeune professeur de l'institution alors dirigée par l'abbé Fauh. Le matin même de l'affaire de Rocquencourt, le dialogue suivant s'établissait entre eux :

— Donne-moi donc ton fusil que je l'examine ? disait le chevalier au professeur; vous autres, pékins, vous n'entendez rien au maniement de ces outils-là. — Bien, la pierre est bonne, mais il faut la casser légèrement aux angles, comme c la. Maintenant, fais-moi voir tes munitions ? Combien de cartouches ?

— Cinquante.

— Bon, c'est assez, d'ailleurs nous ne tirerons qu'à bout portant. Tu me suivras partout, et sois tranquille, je ne te mènerai qu'aux bons endroits.

— Compte sur moi.

— Si par hasard je suis frappé, tàche de découvrir d'où vient le coup, et alors...

— Sois tranquille, j'ai assez longtemps suivi mon père dans le Bocage, pour avoir le coup d'œil sûr.

— Alors, en avant, par file à gauche, arche !

Et les deux amis partaient en tirailleurs pour souhaiter la bienvenue à MM. les Prussiens.

Le jeune professeur, c'était mon père, fils lui-même d'un capitaine de l'armée royale de l'Ouest, comme on disait sous la Restauration, en parlant des armées de la chouannerie. Ce jeune breton, originaire des environs de Carnac en Morbihan, j'ai eu l'honneur de le dire déjà dans mes *Souvenirs sur la Bretagne*, avait fait des études assez sérieuses au collége des Eudistes de Redon, d'où il était sorti pour entrer comme professeur de latin et de grec chez l'abbé Fauh, à Versailles.

L'institution de l'abbé Fauh était à cette époque une maison assez remarquable pour que nous en disions quelques mots aujourd'hui. Placée dans le quartier aristocratique de Versailles, le quartier Saint-Louis, refuge de l'ancienne noblesse, cette institution renfermait presque tous les descendants des premières familles de France.

Elle préparait spécialement les élèves pour l'école des pages, placée dans les dépendances d'une des écuries du Roi, sur la place d'Armes.

M. de la Vauguyon, alors gouverneur des pages, aimait beaucoup mon père, qu'il rencontrait souvent en allant voir l'abbé Fauh , son ami.

La position de professeur dans une institution de cette importance était fort convenable, et assez bien rétribuée pour l'époque.

Les événements de Rocquencourt où mon père, sous les yeux de mon oncle, s'était bien conduit pour un pékin, avait naturellement resserré les liens d'amitié qui unissaient les deux jeunes gens.

Bien souvent le chevalier avait invité le professeur à le venir voir, mais soit timidité, soit pour toute autre cause, mon père remettait toujours à faire cette visite.

Trois ans après les événements que nous venons de raconter, c'était par une belle journée d'été de l'année 1818, il faisait un temps magnifique, mon oncle qui avait projeté une partie de campagne dans les bois de Meudon, alla trouver l'abbé Fauh, lui demanda la permission de la journée pour son ami, et l'emmena un peu malgré lui, l'arrachant pour toute une journée entière aux traductions d'Homère et de Ciceron.

En historien fidèle, nous devons ajouter que les sœurs du chevalier, devaient avec leur mère, faire partie de cette fameuse promenade. Le professeur y prit tant de goût qu'il en proposa une autre pour le dimanche suivant.

De promenades en promenades, on en arriva enfin un jour à ce que le jeune professeur, revêtu de sa plus belle lévite noire (dans ce temps là une redingote s'appelait une lévite), orné de sa cravate

d'une éclatante blancheur, comme dit M. de Pla-
nard, se présenta pour faire, dans toutes les règles,
la demande en mariage de la jeune Louise de
Lisle.

Le chevalier approuva : la mère qui espérait obtenir je ne sais plus quelle faveur des bontés de S. M.
Louis XVIII, une pension, je crois, fit des observations pour gagner du temps. Mais comme S. M.
Louis XVIII avait bien d'autres choses à penser,
la pension n'arriva pas ; la mère rabattit alors
de ses prétentions, et le mariage fut enfin arrêté.
Le professeur vendit quelques lopins de terre qu'il
avait en Bretagne et acheta, en homme inexpéri-
menté, un cabinet de lecture dans la rue Royale,
pour occuper les loisirs de sa jeune femme.

Mais, comme il n'entendait pas grand chose au
commerce, il commença par se faire voler par son
vendeur, qui ne lui livra que des ouvrages dépa-
reillés.

Le fonds ne tarda pas, on le pense bien, à se
désachalander, et un beau matin, l'acquéreur en fut
réduit à vendre ses romans à la livre, puis à fermer
boutique.

Pour surcroît de malheur, l'abbé Fauh trouva
que les classes de latin se ressentaient beaucoup
trop des absences occasionnées par la lune de miel,
il fit des observations qui furent mal reçues, et le
professeur s'émancipa de cette tutelle en fondant
un pensionnat pour son propre compte.

C'est à cette époque que mon oncle le chevalier,

qui continuait de courir le cachet en attendant
mieux, reçut une lettre timbrée de Dieppe: aussitôt
sans plus donner d'explications à sa mère, il lui
annonça que des affaires d'intérêt l'obligeaient à
partir pour la Normandie. Comme la famille avait
dans le temps possédé d'assez grands biens du côté
du Havre, entre autres une propriété domaniale
appelée *la Côte,* ce qui faisait que cette branche
des de Lisle s'intitulait, dans les temps reculés, de
Lisle de la Côte, tandis que l'autre branche qui
avait des liens de parenté avec les Sigaldi de Mo-
neci, s'appelait les de Lisle de Monaco, la mère ne
fit aucune observation et prépara elle-même les
malles du chevalier.

Mais, ce n'était pas d'affaires d'intérêt qu'il s'a-
gissait, pour le moment du moins. On se rappellera
sans doute qu'avant de partir de Portchester, le
chevalier avait contracté avec une charmante fille
d'Albion, une tendre liaison qu'il offrait de cimen-
ter par un mariage légitime (rien de Greatna-Green).
Nous avons dit aussi que les farouches compatriotes
de la jeune fille repoussèrent inhumainement toute
proposition matrimoniale de la part des prisonniers
français. Mais ce que ces insulaires ne purent empêcher, c'est qu'il s'établit entre la France et l'Angleterre un commerce international de tendresses plus
ou moins touchantes.

C'était justement une missive de ce genre, qu
faisait prendre à mon oncle la détermination subite
de monter en diligence.

3.

Nous croyons nécessaire, pour l'intelligence du petit roman qui va suivre, de remonter à la captivité du chevalier sur les pontons anglais. Je ne sais plus bien comment ni pourquoi mon oncle avait été investi, tant par ses camarades que par leurs geôliers de la comptabilité des vivres.

Toujours est-il que cet emploi lui laissait une certaine somme de liberté, et mon oncle qui, en ce moment, se livrait aux douceurs de la flûte traversière, avait l'habitude d'aller faire des gammes dans un petit bois voisin.

Il en était déjà arrivé à jouer assez proprement l'air de la Reine Hortense : *Partant pour la Syrie*, et *Fleuve du Tage*, etc., etc., airs nouveaux pour ce temps-là. Pour se rendre sur le lieu de ses exercices musicaux, il lui fallait suivre un petit chemin bordé de charmants cottages.

Parmi ces cottages, il y en avait un surtout, beaucoup plus charmant et beaucoup plus fleuri que les autres.

Les rideaux des fenêtres coquettement tirés, étaient attachés avec de frais rubans roses, ce qui indiquait aux yeux exercés du chevalier la présence d'une femme.

En effet, en passant et repassant devant le susdit cottage, mon oncle aperçut un soir le plus joli minois qu'il soit possible de voir, mais cette apparition ne fut pas de longue durée, et lorsqu'il leva les yeux, la fenêtre ouverte se referma avec une sorte de précipitation. Le chevalier, désormais sûr

de son fait, devint plus assidu pour prendre ses
leçons ; il ne manqua pas un soir de suivre le même
chemin, regardant toujours la croisée qui s'obsti-
nait à rester fermée.

Seulement un jour, le rideau remua légèrement,
le lendemain il s'ouvrit quelque peu, le troisième
jour enfin on aperçut une chevelure dorée enca-
drant un frais visage.

Comment mon oncle s'y prit-il ? Je n'en sais rien,
mais un beau soir, sa main se trouvait appuyée
sur le bord de la fenêtre en question, et un fort joli
bras s'allongeait pour la rencontrer.

Cela promettait une suite intéressante, et mon
oncle, qui de sa nature était fort entreprenant,
rêvait déjà escalade et effraction, lorsqu'un autre
soir, la porte du cottage s'entrouvit brusquement,
au moment même où il s'arrêtait devant la fameuse
croisée. Un homme d'un certain âge, portant de
fortes côtelettes du plus beau rouge, de chaque côté
d'une face fortement enluminée, se présenta tout
à coup devant lui d'un air assez menaçant.

— Aôh ! yes, French dog, vô demandez moa ?

— No, milord ! L'Anglais en s'entendant appeler
milord se radoucit un peu.

— Je demandai à vô ce que vô voulez ?

— Mais je vous répète que je ne demandais rien
du tout, que le plaisir de vous saluer. Et mon oncle
lui tira poliment son chapeau.

— Eh bien, moâ, je vôlais pas être saloué, je
vôlais autre chose.

— Que voulez-vous, milord ?

— Je vôlais battre vô.

— Un duel, qu'à cela ne tienne, milord, je vous enverrai demain matin deux de mes amis.

— Nô, ce n'était pas ça du tout que je vôlais, je vôlais battre vô toute seul.

En disant ces mots, l'Anglais s'avança sur mon oncle les poings fermés, faisant un rapide moulinet.

Le chevalier qui n'entendait rien à la *boxe*, se recula de plusieurs pas, et avisant sa longue flûte dans son étui, il l'emmancha et marcha sur l'Anglais en faisant la parade.

L'Anglais s'arrêta tout ébahi :

— Aôh ! yes, quelle était cette petite bâtonne ?

— Mais, milord, c'est une flûte, et une flûte traversière encore.

— Comment vô dites ? répétez !

— Je dis que cet instrument est une flûte traversière.

— Aôh ! yes, vô vôlez traverser moâ ?

— Mais, non, milord, tenez, écoutez.

Et voilà mon oncle embouchant sa flûte, et jouant à l'Anglais stupéfait le plus bel air de son répertoire.

Le concert terminé, l'Anglais se rapprocha de mon oncle en lui disant :

— Aôh ! yes, je étais satisfaite, vô apprendre à moâ à jouer de cette petite bâtonne. Et prenant mon oncle par la main, il le fit entrer dans le jardin, et

du jardin dans une serre. Voilà mon oncle professeur de flûte, et de plus pénétrant dans le *sanctum
sanctorum*, c'était tout ce qu'il demandait.

Tout cela ne s'était pas accompli sans que de l'intérieur on pût voir les allées et venues fort inquiètes
d'une certaine robe blanche ; mon oncle était dans
une telle joie, et il en était si troublé, qu'il faisait
emboucher à l'Anglais la flûte à l'envers.

Mais si le chevalier était content, l'Anglais n'était
pas moins satisfait de ses progrès en musique, il
sonna.

Aussitôt, la robe blanche apparut, et mon oncle
vit la plus ravissante créature qu'il soit possible de
rencontrer dans les trois royaumes.

L'Anglais ayant prononcé quelques mots, la jeune
fille sortit, et revint portant une carafe aux flancs
dorés et deux verres en cristal.

— Vô allez me faire raison, dit l'Anglais. Et il
versa une rasade de gin à mon oncle, sans oublier
de remplir son verre à lui-même.

Le chevalier aurait bien voulu une chose, c'est
que l'échanson restât, mais sur un signe du père,
car c'était le père, la jeune fille disparut.

Mais elle ne se retira pas sans jeter un regard
furtif sur le jeune officier, qui surprit sur les joues
roses de la jeune miss l'ébauche d'un frais sou-
rire.

L'affaire commençait bien, il fallait la mener à
bonne fin.

Mon oncle s'entendait parfaitement à ces sortes

d'aventures, si bien qu'à une heure assez avancée
de la soirée, il fut obligé de prendre l'Anglais dans
ses bras pour le porter sur un canapé du salon, où,
c'est une justice à lui rendre, le digne insulaire
se mit à ronfler comme une toupie d'Allemagne.

Inutile de demander si le temps fut mis à profit
par le chevalier. Ce qui est certain, c'est que mon
oncle, en quittant le cottage, se promit bien d'y
revenir le lendemain et jours suivants.

Voyons un peu ce que c'était que cet Anglais
mélomane et surtout sa fille, la jeune et charmante
miss.

L'Anglais était un ancien brasseur, qui avait
fait d'excellentes affaires avec l'*ale* et le *porter*, et
qui s'était retiré du houblon avec sa fille, miss Ellen,
dans les environs de Portchester.

Pour l'Anglais, la vie s'écoulait assez doucement
entre deux ou trois grands verres de gin, lesquels
le laissaient habituellement dans une demi-ivresse
suivie d'un sommeil continuel, dont il ne sortait
que pour prendre ses repas.

Miss Ellen était une charmante blonde de dix-
neuf ans qui, ayant perdu sa mère, se livrait aux
soins du ménage de moitié avec une vieille gouver-
nante qui l'avait élevée.

On le voit, le personnel du cottage était très-res-
treint.

Miss Ellen était jolie, elle avait une grande frai-
cheur, une chevelure admirable, et elle était dans
toute sa personne d'une extrême distinction : tous

ses mouvements, disait mon oncle, étaient pleins de
naturel et de noblesse. Elle avait reçu une bonne et
solide instruction, touchait agréablement du clave-
cin, et parlait avec facilité plusieurs langues.

Seulement, l'habitude d'être seule avec son père
et sa vieille bonne, lui avait donné une certaine
maturité dans le caractère, et elle paraissait par
cela même avoir plus que son âge ; c'était, disait
mon oncle, une femme de résolution.

Une fois la première entrée faite, le chevalier
n'avait pas eu de peine à continuer ses visites au
cottage ; l'ancien brasseur voulait toujours faire
remarquer à mon oncle la différence qu'il y a entre
l'âle, le porter et le gin. Mon oncle qui était très-
sobre faisait semblant de boire et finissait toujours
par emporter son digne partner dans le petit salon.

Pendant qu'il ronflait, une autre conversation
s'engageait immédiatement entre les jeunes gens ;
mais hélas ! c'était en présence de la vieille bonne,
qui elle aussi dormait, ou faisait semblant de dormir, ce dont mon oncle s'est toujours douté. Quoi
qu'il en soit, miss Ellen, se prit d'une si belle pas-
sion pour le jeune Français, qu'elle l'aima bientôt
de toutes les forces de son âme. Mon oncle l'aimait
aussi, et plusieurs fois même il avait essayé, entre
deux airs de flûte, d'entamer la question capitale
du mariage avec l'Anglais.

Mais chaque fois qu'il abordait ce chapitre, l'Anglais lui répondait invariablement :

— Aòh ! yes, jamais!

Les deux jeunes gens continuaient à se jurer, je ne sais plus bien si c'est en français ou en anglais, une foule de choses plus charmantes les unes que les autres. On s'aimerait toujours et l'on ne se séparerait jamais :

Ni jamais, ni toujours,

comme dit Paul de Kock, c'est la devise des amours, mais une devise bien fragile et bien peu sûre, à ce qu'on dit, du moins. Sur ces entrefaites, on parla de rapatrier les prisonniers français. A cette nouvelle, la jeune miss se jeta dans les bras du chevalier en pleurant, le priant de l'emmener en France, avec son père, qui à force de boire du gin était passé à l'état de brute.

Le chevalier qui avant tout était un honnête garçon, et il l'a prouvé depuis, puisque miss Ellen est devenue ma tante, le chevalier n'aurait pas mieux demandé, il aurait même emmené la vieille bonne par dessus le marché, mais le conseil de surveillance s'opposa à ce beau projet.

Les prisonniers partirent donc seuls, ceux qui étaient déjà mariés comme ceux qui ne l'étaient pas.

Il est juste de dire que les femmes ne se soumirent pas longtemps à cet ordre barbare, et qu'elles trouvèrent le moyen de rejoindre leurs maris ou leurs amants, sauf quelques exceptions qui furent très-rares.

V.

Maintenant, il est temps de revenir à Dieppe pour voir ce qui va s'y passer entre miss Ellen et mon oncle.

Une belle jeune femme est au bureau de la diligence, sa mise est soignée, mais à son grand voile de gaze verte, on devine que c'est une Anglaise.

Ce n'est plus une jeune fille, miss Ellen a vingt-quatre ans, sa bonne est avec elle.

Le chevalier débarque de la diligence, et n'a pas de peine à reconnaître l'objet de sa tendresse ; on s'embrasse, et l'on se dirige vers l'hôtel d'Angleterre.

Là, on se raconta mutuellement ce qui s'était passé pendant une si longue absence, et je vous prie de croire qu'il y en eut pour longtemps.

Miss Ellen dit au chevalier comment, malgré son amour pour lui, il lui avait été impossible de faire le moindre voyage.

Le vieil Anglais à force de comparer le genièvre avec d'autres liqueurs fortes, avait fini par tomber en paralysie, et n'avait pas trop de sa fille et de la vieille bonne pour le soigner.

Mais, comme toute chose en ce monde a une fin, même les romans de M. Ponson du Terrail, le bonhomme s'était endormi un beau matin pour ne plus s'éveiller.

Miss Ellen n'ayant plus rien qui la retint, aussitôt que les délais de convenance furent passés, vendit le cottage et la ferme qui en dépendait, fit ses malles, emmenant avec elle la vieille bonne dont elle ne voulait pas se séparer, et avec elle prit le paquebot pour Dieppe.

Elle venait bravement offrir au chevalier qu'elle adorait toujours, les Anglaises ont de plus que les Parisiennes la vertu de la constance, son cœur; sa main et une petite fortune.

On sait l'empressement du chevalier à se rendre à l'invitation.

Mais mon oncle était un homme à scrupules, il voulait bien accepter le cœur, la main, mais la petite fortune le gênait

Il réfléchit beaucoup, chercha inutilement de l'emploi à Dieppe, et n'en trouva pas. Enfin, un beau jour, s'étant lié d'amitié avec un capitaine au long cours, celui-ci le mit en relations avec son armateur.

L'armateur avait justement besoin d'un comptable, mon oncle lui convint, et l'affaire fut bâclée moyennant quinze cents francs par an et la table.

C'était une fortune; le chevalier fit alors des démarches pour se marier. Il fit venir d'Angleterre les papiers de miss Ellen, et les siens de Versailles, et le mariage fut célébré avec toutes les formalités usitées en pareil cas.

Les bonnes nouvelles se succédaient dans la famille, mon père venait d'être nommé instituteur communal à Montreuil, qui est un des quartiers de Versailles, fonction honorable qu'il a remplie l'espace de vingt-deux ans.

Mon oncle, Joseph de Lisle, était nommé professeur à l'École des arts et métiers de Châlons.

Ma tante, Virginie de Lisle, épousait un sieur Aubernon, cousin éloigné de M. Aubernon, pair de France, préfet de Seine-et-Oise, sous le roi Louis-Philippe.

Quant au troisième de Lisle, l'oncle François, celui-là, qui avait des idées d'indépendance, ne voulut point de place; il s'établit chef d'atelier d'ébénisterie au faubourg Saint-Antoine, et envoyant promener ses titres de noblesse, s'affilia à une vente de carbonaro dont il devint un des adeptes les plus ardents; nous le retrouverons plus tard sur les barricades de 1830.

Le chevalier, pour dire comme le poëte, voyait s'écouler des jours tissus d'or et de soie, lorsqu'on annonça tout à coup l'arrivée à Dieppe de S. A. R. madame la duchesse de Berry, qui y venait pour prendre des bains de mer.

C'était un immense événement pour la ville de Dieppe, que la présence d'une princesse du sang royal.

Aussi fit-on d'énormes préparatifs pour la recele plus dignement possible.

La lune de miel, pour mon oncle, en était déjà à son dernier croissant, et il commençait à regretter l'uniforme.

Voyant tous ses anciens camarades reprendre du service, l'idée lui vint d'en faire autant.

Miss Ellen s'y opposait bien un peu, lui disant pour le dégoûter de ce projet, qu'elle le suivrait partout où il irait.

Rien ne put le faire renoncer à son idée, il se fit présenter à Mme la duchesse de Berry, qui voulut bien lui promettre son appui auprès du Roi.

Mme la duchesse de Berry ne promettait pas souvent, mais elle avait cela de bon, c'est que quand elle promettait, elle tenait ses promesses.

Le 13 mai 1826, le chevalier Pierre-César de Lisle, était promu au grade de capitaine commandant au 50e régiment d'infanterie de ligne. Quelque temps après il était nommé chevalier de la Légion d'honneur.

Miss Ellen faisait encore une fois ses malles, mais cette fois c'était pour suivre son mari.

La famille venait de subir coup sur coup de douloureux événements : ma grand'mère venait de mourir subitement dans un âge assez avancé.

Madame d'Aiguillon l'avait précédé de peu de temps dans la tombe.

La famille n'était rien moins que favorisée des dons de la fortune, mais par le travail, elle subvenait suffisamment à ses besoins.

De 1826 à 1828, le temps parut long à mon oncle, il commençait à s'ennuyer du service de garnison. Vers la fin de 1828, il demanda à permuter pour aller en Morée, mais personne ne répondit à sa

demande, au grand contentement de miss Ellen
qui, accomplissant la menace qu'elle lui en avait
faite, le suivait de garnison en garnison.

Les événements politiques marchaient pendant
ce temps-là d'une manière désastreuse pour le gouvernement de S. M. Charles X.

Au ministère de Martignac succédait le ministère
de Polignac, et pendant ce temps-là, Lafayette
accomplissait un voyage qui n'était qu'une suite
d'ovations. L'année 1830 arrivait, et personne ne
pensait qu'elle dût s'écouler sans troubles.

Comme pour la Morée, le chevalier avait demandé
inutilement à permuter pour faire partie de l'expé-
dition d'Alger qui se préparait, cependant le corps
expéditionnaire était fort de trente-sept à trente-huit
mille hommes.

Le 50e de ligne, dont mon oncle faisait partie,
était caserné à Paris ; cette circonstance, en lui per-
mettant de voir sa famille et d'y présenter sa jeune
femme, adoucit un peu l'amertume des refus successifs de permutation qu'il avait en vain sollicitée.

VI.

Les élections pour la Chambre venaient de donner
cent quarante-trois députés à l'opposition : M. Mangin était préfet de police ; le roi l'ayant fait venir à
Saint-Cloud, lui demanda ce qu'il pensait sur la

situation. Le préfet répondit avec une assurance imperturbable, qu'il jurait sur sa tête que la tranquillité publique ne serait pas troublée à Paris.

Cependant les sociétés secrètes s'agitaient ; l'oncle François, qui venait de se faire affilier à la société *Aide-toi, le ciel t'aidera*, alla voir son frère, le capitaine et l'avertit officieusement des menées secrètes des libéraux ;

— Méfie-toi, César, lui dit-il, tout ici veut la révolution, on ne veut plus de Polignac. Il y aura sans doute un coup d'État, mais gare là-dessous !

Le chevalier, en bon militaire qu'il était, avait une très-grande confiance dans l'armée, et répondait à son frère :

— Je t'en prie, François, s'il y a du bruit ne sors pas de chez toi.

Autant aurait valu dire à la Seine de remonter vers sa source ; François avait la tête chaude, et se contentait de répéter : A bas Polignac, et vive la Charte !

Le coup d'État prévu ne se fit pas attendre. Le 26 juillet, les murs de Paris se couvrirent d'une longue affiche signée Charles, de par le roi. C'étaient les ordonnances : je me rappelle encore avoir vu cette fameuse affiche sur les murs de la préfecture, à Versailles, j'étais tout étonné de voir tant de monde la lire et de n'y rien comprendre.

A Paris, dès le 27 au matin, le faubourg Saint-Antoine se réveilla plus tôt que de coutume ; les ouvriers descendirent sur les boulevards, on pense bien que mon oncle François était au plus épais des rassemblements, pérorant avec animation, et criant et faisant crier à ses ouvriers :

— A bas Polignac, et vive la Charte !

Ce jour-là, il n'était pas encore question de bataille, on n'avait d'ailleurs aucune direction ; cependant, les élèves de l'École polytechnique avaient forcé les grilles de l'École et s'étaient répandus parmi les groupes. Quelques coups de feu se firent entendre, on ne sait pas bien de quel côté ils partirent. La troupe fit plusieurs charges sur les boulevards, et tout se borna là.

Le roi informé de ces troubles ne s'en émut que fort peu ; M. Mangin n'avait-il pas répondu de la tranquillité de Paris, et M. de Polignac n'avait-il pas donné les ordres nécessaires pour faire arriver dans la capitale toutes les troupes de la banlieue ? Cependant, la situation parut assez grave pour qu'on donnât le commandement de ces troupes à un maréchal de France. Le duc de Raguse fut investi de tous les pouvoirs militaires.

Comme je l'ai dit ailleurs, je n'étais alors qu'un enfant, et cependant ces événements m'intéressaient je ne sais trop pourquoi. L'avenue de Sceaux, à Versailles, était couverte de troupes en tenue de campagne.

Les suisses, avec leurs habits rouges que je vois encore, les grenadiers à cheval de la garde casernés dans la rue d'Anjou ; le 3e régiment d'infanterie, qui devait être si abîmé, étaient là rangés en bataille attendant l'ordre de se former en colonne pour marcher sur Paris.

A neuf heures du matin, toutes ces troupes s'ébranlèrent musique en tête, les pelotons alignés comme des murailles; hélas! dans quel état je devais les voir revenir.

Mais retournons à Paris, où de grands événements doivent s'accomplir.

Pendant la nuit du 27 au 28, des barricades ont été construites dans les principales rues de Paris, et, sur les boulevards, on a scié les arbres et amoncelé les pavés. Des voitures de toute espèce, dont on a dételé les chevaux, gisent sur les côtés et au sommet de ces retranchements d'un nouveau genre. Le peuple est derrière, armé de tout ce qui lui est tombé sous la main. L'oncle François, bien entendu, se fait remarquer au nombre des insurgés; sa vieille épée d'élève de l'École de Châlons à la main, il commande ses ouvriers.

De l'autre côté de la même barricade, se trouvent deux compagnies de la ligne auxquelles on a beau jeter des pierres, la troupe reste immobile l'arme au pied; ce sont des compagnies détachées du 50e de ligne. Cependant, on répète de tous côtés que l'armée à tiré sur le peuple, on promène même des cadavres. Mais, c'est la garde seulement qui a donné, dit-on, les lanciers ont été écrasés aux portes Saint-Denis et Saint-Martin; on jette des pavés et même des meubles par les fenêtres. Le poste de la Bourse est en feu; le peuple est déjà victorieux sur plusieurs points ; et dans bien des quartiers les troupes sont impuissantes à conserver leurs positions.

La nuit vient ; alors s'établit une sorte de trêve ; les deux compagnies du 50e se dirigent vers la rue Saint-Antoine pour aller au secours de l'Hôtel-de-Ville qui est fortement attaqué par le peuple ; d'ailleurs, le reste du régiment est sur la place Baudoyer. Mais malgré tous ses efforts, le capitaine commandant, qui n'est autre que le chevalier de Lisle, et obligé de camper à moitié chemin. Le lendemain dès l'aube, la petite troupe est sous les armes ; le capitaine commandant les deux compagnies essaie de les diriger vers le marché des Innocents ou l'on entend une très-vive fusillade, mais au moment où la troupe s'ébranle, un fort détachement d'insurgés s'élance de la rue des Prouvaires, ils courent aux soldats, mettent la crosse en l'air, en les suppliant, au nom de la liberté, de venir les joindre.

Parmi les insurgés, un ouvrier se fait remarquer par ses supplications plus instantes, il va droit au capitaine de Lisle :

— Tireras-tu sur ton frère, dis ?

— Retire-toi, je t'en supplie, François.

— Non, tue-moi si tu veux, je ne bougerai pas.

— Alors adieu ! Portez armes ! apprêtez armes ! en joue' commande le capitaine; on obéit mollement, cependant le mouvement s'exécute, mais les soldats, quoi qu'ayant épaulé leur arme, attendent le com-

4

mandement de feu qui ne se fait pas entendre.

— Vive la ligne ! crient les insurgés.

Les soldats redressent les armes.

— L'arme au bras ! commande mon oncle avec dépit, et il fait faire demi-tour à son détachement qu'il parvient, sans avoir tiré un coup de feu, à faire regagner les Tuileries, où était le reste du régiment.

Il s'en tirait avec les honneurs de la guerre, et était bien heureux de n'avoir pas fait tirer sur son frère, ce qu'il nous avoua plus tard, en nous racontant ces faits.

Comme je l'ai déjà dit dans un de mes derniers articles, publié dans ce journal, sous le titre *Insomnie*, ma mère, à Versailles, pleurait à chaudes larmes en pensant à ce qui pouvait arriver à ses deux frères.

Elle les connaissait ; l'un brouillon, vif et emporté, l'oncle François ; l'autre, calme, réfléchi, mais esclave de son devoir, le chevalier ; elle tremblait donc et non sans raison pour leurs jours.

— Vois-tu de Lisle tirant ou faisant tirer sur François, disait-elle à mon père. Oh ! mon Dieu, rien que d'y penser, j'en ai la chair de poule, et ses pleurs redoublaient.

— Oui, maman, dis-je aussitôt en enfant terrible et sans songer que j'augmentais ses peines, ce matin, à cinq heures, les gardes du corps sont partis, et tiens, entends-tu la musique et les tambours ? ce sont les suisses et la garde qui passent sur l'avenue de Paris.

Une taloche de mon père m'envoya un peu plus loin faire l'orateur, et ma mère pleura encore plus fort.

Le 30 juillet, mon père ayant voulu aller jusqu'à Saint-Cloud pour avoir des nouvelles de Paris, m'emmena avec lui. Arrivés à Ville-d'Avray, nous vîmes venir en désordre une nombreuse troupe de soldats, qu'on reconnaissait aux brandebourgs blancs de leurs habits pour faire partie de la garde royale; ils passèrent dans le village, et, comme la veille ils avaient reçu double solde, ils firent de longues stations chez les marchands de vins. La voix de leurs chefs était impuissante à les ramener. Enfin, une demi-heure s'était à peine écoulée, que nous les vîmes passer devant nous, en titubant pour la plupart.

Harrassés de fatigue, ayant passé trois jours et trois nuits presque sans boire, manger ni dormir, le peu de boisson qu'ils avaient pris, au lieu de les réconforter, avait produit l'effet contraire, aussi en sortant du village, et en passant devant les étangs, presque tous se débarrassèrent de leurs fusils et de leurs bonnets à poils, en les jetant à l'eau. Nous avons connu des gens fort honnêtes, qui ne se sont fait aucun scrupule d'aller repêcher les armes, les coiffures et les équipements pour les vendre aux gardes nationaux qui tenaient à s'habiller après les trois glorieuses.

Ces troupes revenaient à Versailles rejoindre leurs casernes, c'étaient les mêmes que j'avais vu

4.

partir le matin du **27**, tambour battant et musique en tête.

En rentrant à la maison, qui était située rue Champ-la-Garde, en face d'une fabrique de papier, nous vîmes les ouvriers rassemblés qui délibéraient. Aussitôt qu'ils aperçurent mon père, ils vinrent à lui en lui disant :

— Allons, M. G..., il faut partir avec nous.

— Aller avec vous, où cela, et pourquoi faire ?

— Pour chasser Charles X de Rambouillet, donc ; allons, venez, dépêchez-vous, l'armée de Paris arrive.

— Mais je n'ai pas d'armes.

— Eh bien, vous avez votre canne, cela suffira pour le moment, et aussitôt que vous verrez un homme tomber, vous ramasserez son fusil.

Jamais je n'ai oublié cette scène ; ma mère était accourue au bruit, et, en apprenant ce dont il s'agissait, elle se cramponnait aux habits de mon père pour le retenir, mais lui, qui, je le crois bien, n'était pas fâché de voir le dénoûment de l'affaire, se tira tout doucement des mains de ma mère, et suivit la colonne des ouvriers sans trop se faire prier. Moi, je me glissai dans le gros de la troupe pour voir aussi, la curiosité dominant la crainte si naturelle à mon âge.

En effet, je vis un curieux spectacle : sur l'avenue de Paris, une longue file de fiacres et de voitures de toutes sortes, surchargés de voyageurs, se déroulait sur les deux côtés de la chaussée, et, sur les

talus de l'avenue, une foule d'hommes diverse-
ment habillés et armés se pressait en colonne très-
serrée.

J'eus un moment d'hésitation en voyant défiler
l'artillerie, conduite, moitié par des artilleurs de la
ligne revêtus de leur uniforme, et moitié par des
hommes en blouses. On remarquait même une femme
assise, ou plutôt à califourchon sur un canon.

Tant qu'il ne s'était agi que des fusils des hommes
de la fabrique et de la canne de mon père, je
n'avais pas eu grand peur, mais quand je vis les
canons, je pensai que cela pourrait devenir sérieux
tout à fait; alors, sans rien dire, je m'éloignai à
petit bruit du peloton que j'avais accompagné, et,
au moment où je ne me crus pas observé, fis demi-
tour tout d'une pièce. Ma rentrée à la maison ne
tarda pas à s'effectuer.

Ma mère était dans la désolation, elle ne m'avait
pas vu partir et me croyait perdu. Elle me fit des
reproches, puis m'embrassa, et ce fut tout. Mais
la nuit étant venue et mon père ne revenant pas,
ce fut bien autre chose. On ne se coucha pas à la
maison, on passa la nuit à pleurer et à gémir d'autant plus que ma tante, dont le mari, en qualité de
contre-maître de la fabrique, était naturellement
parti avec ses ouvriers et mon père.

Si les pauvres femmes avaient pu jouir de la
double vue, elles auraient ri plutôt que de verser
des larmes, en voyant le côté grotesque de cette
fameuse armée, dont les combattants, partis sans

aucunes provisions, sans tente pour camper, et sans abri pour passer la nuit, se trouvaient éparpillés, mourant de faim, sans ordre de bataille, dans les plaines de Saint-Cyr et de Trappes. La seule défense, le seul retranchement qui couvrait ce corps de vingt-cinq mille hommes, était une ligne de voitures qu'on avait placées en avant du gros de la troupe pour la protéger.

Que Charles X écoute seulement dix minutes Mgr le Dauphin qui, à Saint-Cloud, a montré des dispositions presque belliqueuses; qu'il charge un général de braquer sur la multitude de ces Parisiens désorientés et affamés, quelques pièces chargées à mitraille.

En rase campagne, comme l'on est, sans la moindre barricade pour se couvrir, je vous demande un peu ce qui serait arrivé?

Mais, Mgr le Dauphin voit les uns après les autres les régiments se ranger du côté du peuple, et il comprend que définitivement la royauté de droit divin doit disparaître.

S. M. Charles X, en recevant les commissaires chargés de *protéger* son départ, se met bien un peu de mauvaise humeur, mais enfin, il finit aussi par comprendre à son tour, donne à Marmont l'ordre de renvoyer les troupes et se prépare à partir.

Le lendemain matin, ma mère m'envoya, non sans une certaine crainte, voir un peu sur l'avenue de Paris s'il y avait du nouveau. Ma foi, le spectacle était si intéressant, que j'oubliai de venir lui rapporter la réponse, et je restai là, planté comme un piquet, à regarder l'armée parisienne qui s'en retournait vers la capitale.

Mais, ce qui me frappa le plus, et ce que je ne pouvais venir à bout de comprendre, c'était de voir une *défilade* de voitures dorées et armoriées, toutes surmontées d'un drapeau tricolore, et chargées dedans, devant, derrière, dessus, dessous, d'hommes en blouses et pas mal déguenillés. Je me rappelle que je ne pus retenir une réflexion qui m'arriva soudain, je l'exprimai même tout haut : —Ce n'est pas beau, ma foi, dis-je en faisant une grimace enfantine, ils vont salir les voitures avec leur vin et leurs bouteilles. En effet, les voyageurs de ces magnifiques carrosses buvaient à plein verre en chantant la *Marseillaise*, c'était une véritable orgie en voiture.

En rentrant à la maison, je sautai au cou de l'oncle François, qui trônait à table son fusil entre les jambes; mon père causait avec lui

— Quel magnifique spectacle ! disait mon oncle, le peuple est souverain, et les satellites du tyran sont en fuite.

— Oui, répondait mon père, ils y ont mis de la complaisance, les satellites ; convenez avec moi que s'ils l'avaient bien voulu, nous n'aurions pas été les bons marchands dans cette belle équipée.

— Allons donc, nous qui avons pris le Louvre et les Tuileries.

— Ah ! oui, comment donc l'avez-vous pris le Louvre? on dit que ça été bien plutôt une surprise.

— Il est vrai que sans le gamin qui a grimpé le long d'un tuyau de descente pour aller planter le drapeau sur le comble, et si l'officier général qui commandait les suisses n'avait pas jugé à propos de faire relever un régiment avant d'en envoyer un autre, nous aurions eu beaucoup plus de peine; mais enfin nous y serions tout de même parvenus.

— Allons, soit : à la santé du nouveau régime alors !

— A la santé de la Charte, et à bas Polignac ! je ne sors pas de là.

Au moment où l'oncle François élevait son verre, un individu en blouse entra; nous ne le reconnûmes pas au premier abord.

— César ! s'écria ma mère, mon Dieu ! dans quel état ! pourquoi ce costume ?

— Ma foi, ma chère Louise, dit mon oncle, en embrassant sa sœur, c'est, il paraît le seul adopté à la cérémonie d'aujourd'hui.

— Vive la Charte ! cria mon oncle François, la Charte ou la mort ! ! !

— Tais-toi donc, François, dit ma mère, tu nous étourdis avec ta Charte, tu ne penses qu'à elle, c'est fort bien, mais tu ne vois donc pas notre frère.

— Non, d'ailleurs ce n'est plus mon frère, du moment que... allons, c'est égal, viens m'embrasser, mon vieux, ou plutôt, permets que je t'embrasse.

Et les deux frères tombèrent dans les bras l'un de l'autre.

— A la bonne heure, dit mon père.

— Nous sommes tous frères et Frrrançais, vive la colonne, morbleu ! ajouta l'oncle François, qui commençait à avoir la langue un peu épaisse.

On sait que le 50e avait donné dans la rue Saint-Antoine et dans plusieurs autres endroits; mon oncle, par une circonstance extraordinaire, avait, dès le commencement de l'action, été détaché sur les boulevards, et on a vu dans les lignes précédentes, la peine qu'il avait eu à se replier vers les Tuileries où était le quartier général sans faire feu, tout en gardant ses armes.

Mais la plaque de son schako portait le fatal numéro cinquante, et il avait, à l'exemple de beaucoup d'officiers, ses camarades, échangé contre une blouse ses épaulettes d'or, c'était une nécessité du moment.

Les deux sœurs préparèrent un abondant repas pour le soir. L'oncle François eut bien de la peine à abandonner pour un jour le commandement de ses ouvriers, mais il s'en dédommagea largement, en nous chantant au dessert tous les refrains patriotiques qu'il put se rappeler.

Mon oncle, le chevalier, écrivit à sa femme de venir le rejoindre à Versailles; j'étais dans la joie, ma tante Ellen ne venait jamais voir ses neveux et nièces sans leur apporter quelques petits présents. L'oncle François prétendant que ses affaires, le rappelaient impérieusement à Paris, voulait s'en retourner à pied la nuit-même, et on eut toutes les

4..

peines du monde à le faire coucher. Cependant il s'endormit en criant encore: A bas Polignac, et vive la Charte! et il rêva qu'au lieu de draps, il était couché dans les plis d'un drapeau tricolore.

Le 1er août, à cinq heures du matin, nous étions tous sur pied, mon père, mes deux oncles et moi. Il s'agissait d'aller en amateurs voir l'aspect que présentait la capitale après la bataille.

On délibéra pendant quelques instants sur mon admission ou mon exclusion, enfin, sur l'avis de mon oncle François, qui assura que j'avais déjà des dispositions d'indépendance assez marquées, je fus admis à faire partie du voyage.

Les enfants sont beaucoup plus observateurs qu'on ne le pense généralement ; tout ce que j'ai vu dans cette journée mémorable, je me le rappelle parfaitement aujourd'hui, et je vais essayer de le retracer dans les pages suivantes.

Nous étions partis de Versailles par les bois de Fosse-Repose et de Ville-d'Avray ; nous avions traversé Saint-Cloud, dont le château était désert ; puis, prenant par Boulogne, Auteuil et Passy, nous étions arrivés vers huit heures sur la place Louis XV: c'était le nom qu'elle portait alors.

Cette place, qui était loin d'avoir l'aspect monumental qu'elle possède aujourd'hui, était jonchée de paille, et les rues Royale et de Rivoli étaient encombrées de pavés amoncelés et de tessons de bouteilles.

Nous enjambâmes la première barricade, à la

hauteur de la rue de Rohan, mais là nous fûmes arrêtés court.

Plusieurs patriotes armés jusqu'aux dents, et dont l'un portait autour de sa ceinture les restes de l'habit rouge d'un soldat suisse, nous invitèrent à mettre des rubans tricolores à nos boutonnières.

L'oncle François se chargea de nous en procurer, et partit à cet effet avec l'un deux.

Après l'avoir attendu fort longtemps, nous le vîmes enfin revenir avec plusieurs mètres de rubans de laine, rouges, blancs et bleus, qu'il partagea en quatre parts égales, et dont-il voulut lui-même nous décorer.

La compagnie de l'oncle François, loin de nous être utile, devenait parfois très-gênante. A chaque barricade, il nous fallait absolument fraterniser avec les patriotes, et nous nous estimions heureux, quand à la suite de la fraternisation il ne nous fallait pas séjourner une demi-heure ou une heure devant le comptoir d'un marchand de vin. Nous étions engagés assez avant dans les rues de Paris, et de temps en temps on entendait quelques coups de fusil qui paraissaient occuper fort les oreilles de l'oncle François.

— Est-ce qu'on se battrait encore, disait-il de temps en temps, mais non, cela n'est pas possible, il n'y a plus de troupes à Paris, cependant...

Au beau moment où il prononçait ce dernier mot, une fusillade assez nourrie et assez rapprochée se fit entendre.

Mon père et mon oncle de Lisle se regardèrent.

Mais, l'oncle François prenant aussitôt ses jambes à son cou, s'enfuit en courant dans la direction opposée au bruit, en criant à ses frères:

— On se bat, mes amis, j'y cours !

Nous ne le revîmes plus de la journée ; mais quinze jours après, il prétendit, malgré l'évidence du contraire, qu'il s'était battu sous les murs de Vincennes. Nous nous trouvions sur la place de l'Hôtel-de-Ville, nous supposâmes que la décharge avait eu lieu pour annoncer l'arrivée de je ne sais plus quel personnage, Lafayette peut-être, mais on ne pouvait pénétrer sur la place, tant elle était encombrée de monde. Nous prîmes la rue de Long-Pont, aujourd'hui supprimée, et nous arrivâmes devant l'église Saint-Gervais ; nous y entrâmes pour nous reposer.

Dans l'église, sur les dalles, il y a de la paille, et sur la paille sont disposées symétriquement plusieurs rangées de cadavres horriblement défigurés et maculés de sang dont on aperçoit de larges traînées sur les dalles.

Mon père vient à moi, me soutient ; on m'emmène chez le marchand de vins où l'on me fait boire un verre d'eau.

— Allons, c'est une poule mouillée, dit le chevalier ; voyons, mon garçon, il faut s'habituer à cela, sans ça tu ferais un joli soldat plus tard.

La vue des cadavres et du sang, m'avait tellement impressionné que j'avais pensé me trouver mal.

J'eus cependant la force de répondre que je ne voulais pas être soldat, ce qui ne m'a pas empêché de faire mes sept ans comme les camarades.

Nous essayâmes, mais inutilement, de pénétrer sur la place Baudoyer, on nous dit que nous ne pourrions pas y arriver, attendu que justement on était actuellement occupé à *trier* les morts, et qu'il y avait un tas de cadavres qui montait jusqu'au premier étage des maisons.

Je fus enchanté du contre-temps, mais je n'étais pas au bout de l'épreuve. Comme mon oncle et mon père s'étaient engagés dans une petite rue fort étroite qu'on appelait la rue de la Mortellerie, je vis tout à coup un obstacle qui barrait cette rue.

De la distance où je me trouvais, je ne pouvais pas bien distinguer ; d'ailleurs, une grande quantité de paille recouvrait cet obstacle.

Mon père et mon oncle revinrent vers moi, me donnèrent la main, et nous prîmes la première rue transversale que nous rencontrâmes. Mais cette détermination ne fut pas prise assez vite, et la rue transversale ne se présenta pas assez tôt, pour que je ne visse pas à travers la paille, des traces de sang et une quantité de corps entièrement nus jetés, pêle-mêle les uns sur les autres.

Inutile d'ajouter que j'en eus le frisson.

Nous arrivâmes par les quais à la hauteur de la place du Louvre.

A la place du Louvre, on creusait des fosses ; dans ces fosses, on plaçait plusieurs rangées de cadavres, sur lesquels on répandait de la chaux.

La chaleur était si grande, que dans bien des endroits on n'attendit pas que la nuit fût venue pour procéder à cette funèbre besogne.

A ces spectacles lugubres se mêlaient les cris, les roulements de tambours, et par intervalle un peu de fusillade. Il fallait bien rendre les honneurs militaires à ces victimes de la mitraille.

Enfin, harrassés de fatigue, nous regagnâmes le cours la Reine, où nous espérions trouver les *coucous*. Mais de *coucous* point, il fallut s'en revenir à pied.

Nous rentrâmes fort tard à Versailles, et tant par l'émotion que par la fatigue, je manquai d'en faire une maladie.

Les événements ayant pris une tournure plus calme, mon oncle de Lisle rentra dans Paris, reprit son service dans le même régiment, et continua sa vie de garnison, toujours accompagné de l'inséparable miss Ellen.

En 1832, le roi Guillaume qui **avait vu avec** beaucoup de peine la séparation forcée de la Belgique avec la Hollande, et qui n'attendait qu'une occasion de reprendre ce qu'il avait perdu, détenait en dépit des arrangements de la conférence de Londres, un certain nombre de places belges, entre autres la place d'Anvers.

L'Angleterre et la France se proposèrent de mettre un terme à cet état de choses, et décidèrent, d'un commun accord, que si le roi Guillaume s'entêtait à retenir ces places, on emploierait la force pour le contraindre à les rendre.

Les Hollandais ont le tempérament flegmatique, Guillaume ne dérangea pas un seul de ses soldats, qui continuèrent à monter la garde dans les places réclamées par la Belgique.

Des bruits de guerre circulèrent dans les différents corps de l'armée française et, comme le 50e de ligne était un des premiers qui devaient *faire campagne*, mon oncle était dans le ravissement.

En effet, le ministère organisa un corps expéditionnaire de soixante à soixante-dix mille hommes et le dirigea vers le nord de la France.

Quelques jours après, ce corps d'armée franchissait la frontière, et le 29 novembre la tranchée s'ouvrait devant la citadelle d'Anvers.

Il y eut là, comme toujours, de beaux faits d'armes et des actions d'éclat. Mon oncle, dont la compagnie fût une de celles qui montèrent à l'assaut ne put attraper aucune égratignure; la citadelle fut prise et bientôt l'armée rentra en France.

Le chevalier ne voulut pas reprendre la vie de garnison qui l'ennuyait, et comme il avait des droits à la retraite, il les fit valoir, et se retira avec sa femme aux environs de Dieppe, dans un charmant village situé sur la falaise au bord de la mer.

De Biville-sur-Mer, c'est le nom de ce village, mon oncle entretenait toujours des relations suivies avec son ancien patron, armateur à Dieppe, et finit par s'associer avec lui.

La spéculation réussit au delà de ses désirs, et après plusieurs saisons de pêche, en outre de sa pension de retraite et de l'avoir de sa femme; il réalisa une petite fortune.

Il agrandit la maison de Biville que les habitants de cette commune appelèrent et appellent encore le *châtiau*; acheta un cabriolet et un cheval, et eut un pied à terre à Dieppe.

En 1834, le chevalier, qui s'était définitivement fixé à Biville, fut mandé à Paris pour une cérémonie de famille.

Grand événement, il s'agissait du mariage de l'oncle François.

Nous avons été à même, pendant les trois glorieuses, de juger du caractère du futur marié : brouillon, emporté, bavard, mais au fond excellent cœur, n'ayant rien à lui, donnant ou prêtant à tort et à travers de l'argent quand il en avait; en empruntant au premier venu quand il n'en avait plus. Vivant au jour le jour, pour lui l'avenir n'existait pas. Malgré ces défauts ou ces qualités, l'oncle François, qui était plutôt un artiste en bois, qu'un ouvrier ébéniste, était parvenu à monter au faubourg un atelier de vingt ouvriers pour *faire la pendule* à colonnes.

Très-inventif de son naturel, il avait établi dans son atelier une scierie mécanique, qui découpait le placage par quantités énormes. Alors cette industrie, si répandue aujourd'hui, était dans l'enfance; c'est ce qui le mit dans une assez belle position commerciale et le fit songer à se marier.

— J'ai bien peur que François ne reste pas longtemps en ménage, il s'occupe trop de politique pour être heureux, disait ma mère, en pensant à ce mariage.

L'oncle François était l'ennemi naturel de tout gouvernement établi ; aussi ne fut-il pas longtemps sans s'affilier à la société des *Droits de l'homme*. Cependant, on sait que la bravoure n'était pas son fort, mais c'était par suite de son esprit taquin et contrariant à l'excès, qu'il se jetait à corps perdu dans le parti de l'opposition.

De convictions politiques, il n'en avait pas, mais, comme il aimait beaucoup pérorer, et même crier à l'occasion, l'opposition offrait un débouché naturel à ses facultés oratoires.

Le mariage fut fixé au 10 juillet 1834 ; on avait attendu cette époque, je me rappelle, parce que le futur n'était pas bien sûr que des poursuites ne seraient pas dirigées contre lui, à cause d'une participation quelconque aux dernières émeutes d'avril.

Mon oncle François était de très-petite taille, il choisit précisément une femme gigantesque.

Le jour de la noce arriva ; la future avait quelque avoir, on fit assez bien les choses. Seulement, au dessert, le marié ayant voulu entonner un chant républicain, il y eut scission complète entre lui et une certaine partie des invités. On se disputa même, je crois, un peu, et cela aurait bien pu finir assez mal, si la mariée, bien inspirée, ma foi, ne

se fut pas empressée d'enlever son époux et de se
retirer avec lui. *E finita la musica ;* tout le monde
se retira à l'exemple des principaux personnages.

Ainsi que ma mère l'avait prévu, le ménage alla
fort mal. Au bout de quelques mois, l'oncle François
qui ne pouvait supporter aucune entrave, s'aperçut
que sa femme voulait prendre, peut-être à cause de
de sa taille, une certaine supériorité sur lui. Il se
redressa alors de toute sa hauteur, ce qui lui pro-
cura l'avantage d'arriver à peu près à la ceinture
de son épouse, et voulut commander en maître.
Voyant qu'on ne l'écoutait pas, il eut recours à des
arguments plus persuasifs, on lui résista par les
mêmes moyens, alors il redevint doux comme un
agneau et souple comme un gant.

Cette charmante union ne porta aucun fruit, fort
heureusement. Un beau jour, Mme François se
plaignit de douleurs de poitrine, qui la conduisirent
tout doucement, au bout de deux ans, au cimetière
Montmartre.

Elle fut bien regrettée de son mari: le jour de
l'enterrement, mon oncle voulait se brûler la cer-
velle ; on l'empêcha à grand peine de se précipiter
dans la fosse, et moins d'un mois après il parlait
de se remarier, mais mon père parvint à le détourner de ce beau projet.

Pendant ce temps j'avais grandi, et mon oncle le
chevalier, à son dernier voyage à Versailles, en
1839, fit tout ce qu'il pût pour me décider à me
faire soldat, en vieux troupier qu'il était. Mon père,

au contraire, ne voyait de ressources pour moi que dans l'enseignement, hélas ! quelles ressources espérait-il donc ?

Quant à moi, que cela regardait un peu plus que les autres, j'attendis pour me décider l'époque du tirage au sort. Comme je n'ai jamais eu de chance à la loterie, j'amenai le numéro 35, on voulut bien me reconnaître *bon pour le service* (phrase sacramentelle des conseils de révision), ce dont je fus infiniment peu reconnaissant au gouvernement. En conséquence, je reçus ma feuille de route pour Soissons, où était le dépôt du 63e de ligne, pour lequel j'avais été désigné.

Au bout de six mois j'était caporal, et cinq jours après caporal-fourrier. J'écrivis immédiatement ma promotion à mon oncle le chevalier, qui s'empressa de m'envoyer... sa bénédiction.

Ma mère, elle, m'envoya des mouchoirs de poche et un napoléon de 20 francs, ce qui me fit infiniment plus de plaisir.

Etant à Soissons, notre régiment eut l'avantage de fournir plusieurs détachements pour le fort de Ham ; je me rappelle encore que lorsque les détachements rentraient à la caserne on s'entretenait beaucoup dans les chambrées de l'affabilité de l'illustre prisonnier, le prince Louis-Napoléon.

Le 12 décembre 1840, je fis partie d'un détachement qui devait se trouver à Paris le 15 du même mois, pour l'arrivée des cendres de l'empereur

Napoléon Ier. Jamais je n'oublierai cette journée mémorable, tant j'ai souffert du froid.

Le détachement dont je faisais partie arriva à dix heures du matin dans les Champs-Elysées, et ce ne fut que vers cinq heures du soir, que nous présentâmes les armes devant l'immense char d'or et de velours qui renfermait les cendres du grand homme.

Plus tard, un de mes amis étant incorporé aux sapeurs-pompiers de Paris, me mit dans la tête de faire comme lui, et de demander aussi mon admission dans ce corps d'élite ; je fis la bêtise de l'écouter et de rendre mes galons de sous-officier au 63e de ligne.

Le colonel Paulin qui commandait alors les pompiers de Paris, crut remarquer chez moi quelque velléité de rédaction plus ou moins saugrenue, il me nomma son secrétaire.

Je n'étais pas né pompier ; on naît gendarme, mais on ne naît jamais pompier. En conséquence de quoi, plus de six mois après mon admission, je faisais encore ce qu'on est convenu d'appeler les exercices de pied ferme.

J'avais pour instructeur un certain caporal Dabat, qui vient de mourir aux Invalides ; lequel Dabat, trouva que le samedi 7 mai 1842, j'avais mis de la négligence dans le déploiement des boyaux. Je n'aimais pas trop à toucher à ces choses-là, c'est sale, c'est gras, et cela sent mauvais. Enfin, et j'ai été à même d'en juger pendant cinq ans, il paraît qu'on ne peut guère s'en passer pour éteindre les incendies.

Le caporal Dabat, dis-je, m'apostropha : Dites-donc, sapeur (dans les pompiers de Paris comme dans ceux de Nanterre, qu'on ait de la barbe ou qu'on n'en ait pas, ils est convenu qu'on s'appellera sapeur).

— Dites-donc, sapeur, est-ce que subrepticement, vous aureriez notoirement l'intention de faire mépris des demi-garnitures ? (C'est le terme convenu dans les pompiers pour désigner les boyaux en cuir des pompes.)

— Mais non, caporal, répondis-je respectueusement.

— Alorsse, sapeur, pour ne vous être pas baissé plusse vivement dans l'alternative du ramassement des susdits, je vous colle inclusivement pour deux jours de consigne ; deusse, vous entendez ?

— C'est bien, caporal, dis-je un peu moins respectueusement que la première fois, on les fera, vos deux jours de colle ; et puis après.....

— Et puis après, si vous récidivez, je vous f....iche dedans.

Comme je n'aimais pas beaucoup la salle de police, je rongeai mon frein sans mot dire ; cependant, j'étais bien contrarié d'être consigné à cause du lendemain, qui était justement un dimanche de grandes eaux à Versailles, où je m'étais proposé d'aller.

La journée du dimanche se passa bien tristement

pour moi. Ennuyé, ne sachant que faire, je m'étais couché de bonne heure, lorsqu'à sept heures ou sept heures et demie, je ne me rappelle plus bien, les sonnettes d'alarme retentirent dans toutes les chambrées de la caserne.

— Allons, tout le monde en bas, cria le caporal de garde, en tenue de feu, les pelles et les pioches seulement !

Armés de pelles, pioches, crocs, tournées, etc., comme si nous devions aller ouvrir une tranchée, on nous fit prendre au pas gymnastique le chemin de la gare Montparnasse.

A la gare, tous les employés étaient en émoi ; les uns couraient à droite, à gauche, pour former un train spécial pour nous.

En quelques instants nous fûmes embarqués et la locomotive siffla.

Nous avions appris vaguement à la gare qu'un événement venait d'arriver sur la ligne, mais nous pensions avoir seulement à éteindre le feu d'une gare quelconque.

Mais quel affreux spectacle nous attendait entre les deux remblais du chemin, entre Meudon et Bellevue !

D'abord, une locomotive brisée brûlant encore ; des flammes, du feu partout, des cris, des gémissements ; à terre, des blessés, des morts, des mourants. Une foule ahurie, allant, venant, courant, criant : Par ici des secours ! Par là un médecin ! Là-bas le feu ! c'était horrible à voir et à entendre.

Nous descendons ou plutôt nous sautons à terre ;
les premiers wagons du train sont entassés les uns
sur les autres à la hauteur d'un premier étage ; je fus
désigné, pour retirer de ces voitures qui brûlaient
encore, des tronçons de cadavres carbonisés. Nous
trouvâmes des débris informes, des membres épars ;
de ce côté, une jambe de femme encore revêtue d'un
bas blanc et chaussée d'une élégante bottine ; de
l'autre, un amas de chairs noircies qui s'attachaient
à nos mains brûlées.

Les populations de Bellevue, de Meudon, de Sè-
vres étaient accourues en foule.

Les médecins de ces différentes localités avaient
organisé des ambulances sur le terrain même de
l'accident. Tous ceux qui pouvaient être transpor-
tés étaient recueillis dans les habitations voisines ;
nous fûmes témoins de beaucoup d'actes de courage
et de dévouement ignorés aujourd'hui. Nous apprîmes que l'amiral Dumont d'Urville était au nombre
des victimes ; cet homme célèbre, qui avait affronté
tant de dangers ; qui avait fait deux fois le tour
du monde, était venu périr misérablement avec
sa femme et son fils à quelques lieues de Paris, à
l'âge de trente-cinq ans.

Bien que les journaux de l'époque aient publié
des bulletins dans lesquels ils portaient le nombre
des morts à cinquante ou soixante au plus, nous
étions persuadés que ce nombre dépassait certainement la centaine.

Le lendemain, vers cinq heures, nous rejoignî-

mes nos casernes harrassés de fatigue, et bon
nombre d'entre nous ne purent manger de quelques
jours.

Cette année 1842 était une année fatale : le
13 juillet, à six heures du soir, on sonna encore
dans les chambrées, mais ce n'était pas pour aller
au feu, cette fois.

Le sergent-major fit l'appel et dit : « Tous les
» hommes de service de spectacle peuvent sortir,
» il y a relâche à tous les théâtres. »

Pourquoi y avait-il relâche à tous les théâtres ?

Parce que le duc d'Orléans qui était plein de vie
le matin même, se préparant à partir pour Saint-
Omer, afin de passer l'inspection de plusieurs régiments, avait eu l'idée, vers trois heures, d'aller
embrasser encore une fois sa famille. Étant pressé
par le temps, il avait donné l'ordre à son cocher
d'aller ventre à terre ; celui-ci ne fût bientôt plus
maître de ses chevaux. Ce que voyant, le prince
s'était précipité hors de sa voiture, et était tombé
si malheureusement, que malgré les soins qu'on
lui prodigua, il expira dans les bras de la reine, sa
mère, vers quatre heures et demie, dans l'arrière-
boutique d'un épicier, sur le chemin de la Révolte.

Oh ! cette année 1842 était bien une année de
malheur pour la France.

Quant à l'Europe, elle nous donnait aussi le
spectacle d'une ville entière qui brûlait pendant
trois jours, la ville de Hambourg était presque
entièrement détruite par l'incendie.

Pendant que tous ces événements s'accomplissaient, mon oncle, qui plantait tranquillement ses choux à Biville, n'avait pu refuser l'honneur que lui avaient fait ses concitoyens en le nommant chef de bataillon de la garde nationale du canton d'Envermeu. Comme Biville est précisément située à quelques lieues de la ville d'Eu, mon oncle, en sa qualité d'officier supérieur, fut souvent invité aux réceptions du château de Louis-Philippe.

Lors de la visite de la reine d'Angleterre à Eu, le chevalier trouva un prétexte pour refuser d'assister à cette cérémonie, on sait d'ailleurs son peu de sympathie pour les Anglais : « Mes oreilles » auraient été choquées, me disait-il, d'entendre des » musiques françaises jouer le *God save the Queen.* »

Mon oncle ayant perdu l'espoir d'avoir des enfants, devint tout-à-coup pour nous d'une tendresse à laquelle il ne nous avait pas accoutumés. Vers 1847, ayant fait un petit voyage à Paris, il vint me visiter à Rueil où je m'étais retiré en sortant du service, et m'engagea à aller le voir. J'avais peu voyagé jusqu'alors, et voir la mer était pour moi un grand bonheur.

J'attendis pour me mettre en route, juste le temps nécessaire pour que mon oncle rentrât chez lui, et je pris le chemin de fer pour Dieppe. Ce que j'éprouvai en voyant la plage et la jetée, je ne puis ici le décrire. C'était si beau ! c'était si grand ! c'était si majestueux !!

5

Dans ce temps-là, il n'était pas encore de mode de n'être étonné de rien.

Ce n'est pas comme aujourd'hui, quand on demande à un collégien ce qu'il pense de l'Exposition, il vous répond : Que c'est un bâtiment plus grand que les autres ; et quand on lui demande ce qu'il pense de la mer, ouvrage immense du Créateur, auprès duquel les ouvrages des hommes si grands qu'ils soient ne sont rien, il vous dit tout tranquillement que c'est une assez belle nappe d'eau.

Le collégien ne pense pas un mot de ce qu'il dit, mais il se prépare d'avance à dire à ses camarades à la rentrée.

—J'ai vu la mer, eh bien, cela ne m'a pas paru extraordinaire.

Et son camarade de répondre à son tour avec une indifférence affectée :

—Parbleu ! !

Quand je vous le dis, notre jeune génération ne doute plus de rien. Quoi qu'il en soit, je visitai avec délices, Dieppe, le château ou plutôt les ruines du château d'Arques, le manoir d'Ango, les falaises, les églises normandes si finement découpées et dentelées, puis à Biville même, la fameuse gorge de Plafonval, par laquelle Georges Cadoudal et ses complices s'introduisirent en France, pour aller tenter à Paris l'assassinat du premier Consul.

Dans le pays on n'est pas bien d'accord sur cet événement ; les uns prétendent que Georges Cadoudal gravît la gorge même de Biville. C'est un affreux précipice au-dessus duquel sont suspendus d'énormes blocs de rochers, toujours prêts à s'effondrer sur l'imprudent qui se hasarde à se laisser glisser au moyen d'une corde au bas de la falaise. Et la falaise, à Biville, a près de cent mètres de hauteur.

D'autres soutiennent que les conspirateurs, aidés des marins anglais qui les avaient amenés, débarquèrent devant la gorge de Plafonval, plus facile à escalader, et qui présente, à moitié de sa hauteur, une grande surface plane entourée de collines, où il serait facile de cacher tout un régiment.

Peu nous importe; ce qu'il y a de certain, c'est que ces deux gorges sont d'une affreuse beauté, si je puis m'exprimer ainsi, et que je ne m'y hasardai qu'avec une certaine hésitation. D'autant plus qu'arrivé au beau milieu de la descente, je me trouvai tout à coup en dehors de la falaise, qui surplombe la mer, ayant à peine de quoi placer les pieds, je serrais la corde conductrice avec plus de force; enfin j'arrivai sur le galet,

Depuis, j'ai bien souvent descendu et gravi cette gorge, mais je n'éprouve plus la même sensation. Est-ce l'habitude? Non, c'est que chaque hiver, la gelée se charge de creuser le roc, et d'adoucir ainsi la rapidité de la pente.

Une fois sur le galet, je voulus me procurer le plaisir de la chasse aux crabes qui abondent en cet endroit. Mon oncle m'avait fait accompagner par un paysan habitué à ces sortes d'excursions; il me

5.

fit relever mon pantalon, quant à lui il avait les jambes nues et entra résolument dans un dédale de petites roches noires à fleur d'eau. Il me fit lever une de ces roches, et aussitôt je vis s'enfuir de tous côtés une quantité de petits crustacées qui me montrèrent des pinces assez menaçantes; il m'enseigna la manière de les prendre, et nous en fîmes une ample provision.

Je vous dirai bien qu'il y a crabes et crabes ; que les *crabes enragés* sont vides, que les *ilets* sont meilleurs, et que les tourteaux sont ce qu'il y a de plus parfait, mais je pense que cela ne vous intéresse que fort médiocrement.

Il s'agissait de remonter, et j'acquis la conviction que si la descente est difficile et périlleuse, la montée ne l'est guère moins. Enfin, après quelques glissades qui me firent encore serrer la corde, j'arrivai au haut de la falaise fort content de moi.

L'oncle et la tante nous attendaient, et avaient invité pour me faire honneur, le bon et brave curé de Biville, qui était leur ami, et qui depuis est aussi devenu le mien.

Pendant mon absence de Rueil, un officieux tambour de la garde nationale ayant trouvé que j'avais les qualités requises pour faire un soldat citoyen, m'apporta à mon retour un fusil et une giberne.

Désormais, j'étais inscrit sur les contrôles de la cinquième compagnie du bataillon de Rueil.

J'avais bien envie d'envoyer le tambour, le fusil et la giberne au diable, mais je pensai que ma qualité de bon citoyen m'engageait à n'en rien faire, et je me résignai.

J'en fus récompensé par mes concitoyens, qui au bout de quelque temps me nommèrent sergent.

On était déjà en février 1848, que je n'avais pas encore *étrenné* mes galons. On va voir, par ce qui va suivre, que j'eus une occasion magnifique de le faire.

Le 22 de ce même mois de février, vers cinq heures du soir, les blanchisseurs de Rueil revinrent tous avec leur linge blanc dans leurs voitures : ils n'avaient pu pénétrer dans Paris, où des barricades commençaient à s'élever. Comme toujours, on exagéra les choses, en disant que *Paris était à feu et à sang ;* cependant il n'en était rien encore, mais cela allait commencer.

Le 23 au matin, on apprend à Rueil que des charges de cavalerie ont eu lieu la veille à Paris ; que l'on a commencé des barricades, enfin que les municipaux ont tiré sur le peuple, qui a mis le feu à leurs postes, après les en avoir chassés. Malgré cela, dit-on, on espère encore que tout s'arrangera, si le roi consent à faire quelques concessions.

Le soir du même jour, un voyageur revenant de Paris, crie dans les rues à qui veut l'entendre, que tout est fini, et qu'on illumine déjà sur les boulevards.

La population rueilloise se rassure aussitôt, et chacun se retire chez soi, attendant avec confiance la suite de ces événements.

Mais cette confiance n'est pas d'une bien longue durée, le lendemain, vers sept heures du matin, lé le temps est sombre et pluvieux, on apprend avec stupeur le fatal événement du boulevard des Capucines. Le roi est perdu, dit-on, on a promené à la lueur des flambeaux, sur un chariot de camionneur les cadavres des victimes ; déjà des barricades s'élèvent de tous côtés, on espère cependant que la troupe ne *donnera pas.*

On est toujours, à Rueil, sans aucune nouvelles de la préfecture de Versailles; pas de renseignements, pas d'ordres, rien.

La journée du 24 s'écoule bien lentement et bien tristement ; chacun écoutant avec anxiété si parmi les bruits divers, il ne distinguera pas celui du canon ; mais c'est en vain, rien de pareil ne se fait entendre.

Seulement, vers le soir, plusieurs individus mal famés de la commune partent ostensiblement pour Paris, en chantant l'air : *Mourir pour la patrie!* etc., des *Girondins.*

Le 25 arrive, c'est un vendredi ; le temps continue à être sombre et triste, on dirait que les nuages courent sur les toits des maisons. On relève les postes et je suis désigné pour celui de la mairie.

Mon premier soin en arivant au corps de garde, est de courir au râtelier d'armes afin de visiter les pierres des fusils ; j'ai fort à faire avec le tambour de la compagnie, enfin tout va bien, tout est en état ; seulement, nous n'avons pas de cartouches, mais il y en a à la caserne et la caserne n'est pas bien loin.

Des nouvelles assez vagues nous arrivent : Louis-Philippe est en fuite ; les Tuileries sont prises, on brûle les voitures royales, le peuple promène le trône sur les boulevards, Paris enfin est en effervescence. Vers minuit, le factionnaire crie : Aux armes ! le poste sort immédiatement.

Ce sont deux ou trois ivrognes criant à tue-tête : *Vive la république !* ils reviennent, disent-ils, du sac du château de Neuilly qui est livré aux flammes.

Ces hommes rapportent divers objets plus ou moins précieux ayant appartenu à cette résidence royale ; des assiettes aux armes de Louis-Philippe, des cristaux, et jusqu'à un morceau de lustre en cuivre doré.

Nous les arrêtons, et après leur avoir fait déposer en lieu sûr les objets dont ils se sont emparés, nous les consignons au poste pour le reste de la nuit.

Le lendemain, vers neuf heures, au moment même de notre descente de garde, nous apprenons que l'on aperçoit des flammes dans la direction de Bezons.

Un des mes amis, employé des contributions indirectes, garde national comme moi, me propose d'aller avec lui afin de voir ce qui se passe : j'accepte et nous partons dans la direction de Nanterre.

A peine touchions-nous aux limites de cette commune, que nous remarquâmes une grande agitation : des hommes armés parcouraient la voie du chemin de fer de Saint-Germain, et soulevaient les rails de distance en distance. D'autres couraient vers le pont de bois appelé pont de biais, et y amas-saient une grande quantité de fagots.

— Diable ! me dit mon ami Lesage, est-ce que ces gredins-là auraient l'intention de mettre le feu au pont ?

— Ma foi, répondis-je, cela m'en a tout l'air ; voyons, avançons un peu.

Nous avançons en effet, nous nous mêlons même un instant à la foule, car il y a là beaucoup de monde, tant comme curieux que comme acteurs. Cependant, nous avons soin de nous rapprocher de quelques gardes nationaux, qui comme nous sont encore revêtus de leur uniforme, et nous leur demandons ce dont il s'agit.

— Ce sont des Parisiens, nous répondent-ils, qui sont chargés à ce qu'il paraît de couper les commu-nications, afin d'empêcher les troupes de Rouen de revenir sur Paris (textuel).

— Très-bien, répondit Lesage, mais il me semble qu'il suffirait d'enlever quelques rails, il n'est pas nécessaire de mettre le feu aux stations et aux ponts.

— Dame, si c'est votre avis, allez le leur dire vous-même, nous répondirent les gardes nationaux ; *pour quant à nous* (sic), nous le leur avons déjà fait observer, ils ne nous ont pas écoutés, et puis, comme vous voyez, ils sont armés jusqu'aux dents.

En effet, tous les hommes qui enlevaient les rails

avaiént, en outre d'un mousqueton ou d'un fusil passé en bandoulière, un grand sabre de cavalerie auquel pendait encore un pistolet d'arçon. Lesage et moi nous nous approchâmes de l'un d'eux qui paraissait moins terrible que les autres, et nous lui demandâmes bien poliment ce qu'ils comptaient faire.

— Mais nous allons faire comme nous avons fait à Neuilly, à Asnières, et comme on fait en ce moment même à Colombes et à Bezons. Nous allons brûler tout ça, donc.

— Vous avez des ordres, sans doute ?

— Pas *pus* d'ordres que sur ma main, c'est la République qui l'ordonne, quoi !

— Cependant, permettez, sous la république pas plus que sous la royauté il n'est permis de mettre le feu.

— *Qué-qu'tu* dis toi, mauvais sergent, va-t'en dire à tes camarades que si vous bougez de votre commune, on ira aussi vous brûler le c... comme aux autres.

Nous étions trois ou quatre gardes nationaux tout au plus, et les pillards étaient une trentaine au moins ; nous n'avions que nos sabres, et eux avaient des armes à feu et des munitions. Ce que nous pouvions faire de mieux en cette circonstance c'était de nous retirer à la hâte, et d'aller prévenir la mairie de Rueil de ce qui se passait à ses portes.

— Dépêchons-nous, me dit Lesage, il n'est que temps !

En effet, avant d'entrer dans la première rue de

5..

Rueil, nous vîmes le pont de biais qui flambait.

Nous fûmes bientôt à la mairie, nous pénétrons dans le cabinet du maire où étaient déjà quelques conseillers municipaux, et M. Cramail en uniforme d'officier de la garde nationale de Paris (1).

Le maire déplora l'abandon dans lequel le laissait la préfecture; le commandant de la garde nationale, M. Lefevre, lui demanda l'ordre de faire battre le rappel, mais dans la crainte des représailles, le maire n'osa donner cet ordre.

On essaya de délibérer ; tout le monde parla à la fois, et l'on n'avançait à rien.

— Qu'on nous délivre des cartouches, dit tout à coup Lesage ; G... en sa qualité d'ancien militaire et de sergent nous commandera, et quand le diable y serait, nous trouverons bien ici une vingtaine d'hommes de bonne volonté pour aller mettre ces gredins-là à la raison. Le maire, qui était aussi un ancien militaire, parut approuver cette sortie; je suis persuadé qu'il nous aurait donné carte blanche, ainsi que le commandant, si une autre personne, que je ne nommerai pas, personne très-influente dans les conseils de la mairie, ne s'était opposée de la manière la plus formelle à ce qu'on nous laissât aller.

Les nouvelles de l'incendie se succédaient ; les incendiaires étaient en chemin pour mettre le feu à

---

(1) Depuis, M. Cramail est devenu maire de Rueil, chevalier de la légion d'honneur, etc.

la station de Rueil et aux ponts de Chatou; il n'y avait plus à hésiter.

— Mais, dis-je, puis qu'on ne veut pas nous autoriser à marcher, nous aurions peut-être le temps d'aller à franc étrier, chercher un élève de l'École polytechnique pour nous commander. D'après ce qui se passe en ce moment à Paris, ce serait, je crois, le plus sûr moyen d'arrêter les incendies.

Mon avis est aussitôt pris en considération, et le maire nous donne alors carte blanche pour agir.

Nous allons droit à la resserre de l'omnibus du chemin de fer; nous attelons nous-mêmes, le conducteur survient, nous le mettons en réquisition, et notre voiture à moitié attelée, nous partons ventre à terre.

Lesage, par une bonne précaution prend un morceau de craie, et écrit à la hâte sur un des panneaux de la voiture: *Députation de la garde nationale de Rueil au gouvernement provisoire.*

Cette précaution n'était pas de trop; on sait que Nanterre était au pouvoir des incendiaires, et il nous fallait traverser cette commune sur un point appelé la Boule-Royale.

En effet, à la Boule-Royale il y avait un poste de pompiers, auxquels étaient mêlés des gens en blouses. Ils nous demandèrent où nous allions; nous leur montrâmes l'inscription, criant même à plusieurs reprises: *Vive la République !* le cocher fouetta ses chevaux à coups redoublés, et nous passâmes sans encombre.

Nous allions entrer dans les Champs-Elysées, quand une patrouille d'hommes en blouses commandée par un élève de l'École polytechnique nous arrêta.

Il fallut descendre, expliquer le but de notre voyage. En vain nous priâmes le jeune commandant de venir avec nous, ce qui nous évitait une longue course, mais il s'y refusa en prétextant une autre mission à accomplir.

Les patriotes nous firent crier : *Vive la République !* et nous invitèrent, pour entrer dans Paris, à mettre des rubans rouges à nos boutonnières. Cela me rappelait un souvenir de 1830.

Une mercière étant à proximité, non-seulement nous mîmes des rubans à nos boutonnières, mais nous en mîmes aussi à la tête des chevaux de notre omnibus.

Dès le commencement de la rue de Rivoli, il fallut renoncer à notre véhicule à cause des barricades et du verre cassé (toujours comme en 1830); nous prîmes le pas gymnastique, et nous arrivâmes sur la place de l'Hôtel-de-Ville.

Comme au 31 juillet 1830, le 25 février 1848 cette place était inabordable.

Nous expliquâmes à quelques gardes nationaux le but de notre mission. Aussitôt, l'un de nous, qui tenait à la main le pli de la mairie de Rueil, fût enlevé, porté à bout de bras, roulant sur les têtes et les épaules de la foule, et arriva tout meurtri près de la grille. On le hissa par-dessus cette grille.

et moins de cinq minutes après il nous revenait par les derrières, escorté de deux élèves de l'École polytechnique, et entouré d'un grand nombre de patriotes. Il nous fallut raconter à ces hommes le motif qui nous amenait. Alors, tout le monde voulut venir avec nous. Mais malgré toute notre bonne volonté, nous ne pûmes que remplir notre omnibus, et nous repartîmes du même train que nous étions venus.

Arrivés à Rueil, les élèves de l'École polytechnique demandèrent de suite les clefs de la poudrière de la caserne, et délivrèrent des cartouches aux gardes nationaux rassemblés à la mairie.

A peine la distribution fut-elle terminée, et les fusils chargés, que sans aucun ordre de bataille, les jeunes gens se mirent à la tête des plus ardents, et les entraînèrent sur le lieu du sinistre.

Tout le reste suivit, et l'on arriva bientôt en présence des incendiaires dispersés sur la ligne.

Mais ceux-ci, en voyant venir à eux cette avalanche d'hommes armés et disposés à la lutte, se sauvèrent dans toutes les directions, ne songeant même pas à faire usage de leurs armes.

— Ne tirez pas! nous crièrent les polytechniciens, faites des prisonniers, et à la baïonnette s'ils résistent.

Lesage en tenait déjà un par le collet, et en un tour de main nous lui prîmes ses armes. C'était d'abord un mousqueton d'artilleur que j'ai moi-même déchargé à l'aide d'un tire-bourre, et qui contenait deux cartouches à balles ; puis un sabre de cavalerie portant le n° 6750, provenant, à ce qu'il nous dit, de la garde municipale ; ses poches étaient pleines de poudre et de cartouches.

Ici nous laisserons la parole à l'acte d'accusation de ces hommes égarés. (Extrait du *Constitutionnel* du 15 avril 1848.)

. . . .

« Ils essayaient d'enlever les rails, mais n'ayant que des barres de fer, le travail était trop lent pour le continuer ainsi, et ils retournèrent vers le gros de la troupe qui arriva en masse. La bande tout entière se mit à démolir les parapets du pont, à en renverser les pierres dans la rivière, à en tordre les liens de fer qui relient les diverses parties entre elles.

» Les quelques gardes nationaux qui se trouvaient là, alors trop faibles en nombre, et dans la crainte secrète du pillage de leurs propres habitations, restaient mêlés à cette foule, impuissants à rien empêcher.

» Bientôt les malfaiteurs trouvant que la destruction ne marchait pas assez vite, parlèrent de nouveau de mettre le feu ; des fagots furent entassés sous la dernière arche du pont de Chatou, du côté de l'île, un certain nombre placés sous la seconde arche, bien qu'on en eût jeté plusieurs centaines à l'eau, quelques moments avant, afin qu'on ne s'en servît pas dans ce but.

» Pour détourner l'effet des menaces, et empêcher
que l'incendie ne vînt encore augmenter le danger,
un des gardes nationaux proposa d'aller boire ;
plusieurs se laissèrent entraîner, d'autres restèrent ;
parmi ceux-ci, l'un qui s'était fait remarquer par
son ardeur à détruire, le nommé Constantin, dit
Toupet, dit avec une énergie brutale : *Pour moi, je
ne me laisserai pas prendre par la g.....* Aussi le
feu fut-il mis, non-seulement à la première arche,
mais ensuite à la seconde, par six malfaiteurs qui
allèrent, à cet effet, chercher de la paille et des fagots dans une maison voisine.

» Dans le même temps, une partie de ces hommes
s'était portée jusqu'au bâtiment des machines et à
ceux de la station de Chatou, dont le chef, dans la
crainte de l'événement avait déménagé dès le matin ; et là, ils brisèrent, détruisirent en grande
partie, non-seulement les bâtiments occupés par les
employés, mais aussi les portes en fer du bâtiment
des machines et plusieurs parties de ces machines.

» Cependant, la garde nationale de Rueil, à la tête
de laquelle s'étaient mis plusieurs élèves de l'École
polytechnique et quelques hommes résolus, arriva
munie de pompes et d'engins de sauvetage ; l'arche
où le feu avait été mis la première était trop dévo-
rée pour que les secours fussent efficaces. Elle
s'abîma avec ses piliers ; la seconde et la troisième
arches seules purent être préservées.

» Pendant que les pompes jouaient, plusieurs malfaiteurs furent arrêtés, et sept maintenus en prison.

» Lorsqu'on recherche la cause d'aussi graves désordres sur autant de points à la fois, rien dans l'instruction ne permet de supposer qu'une direc-ion unique y ait présidé.

» La cause est multiple, il a suffi, à un moment donné, de quelques artisans de désordre recrutés dans chaque localité ; ces mauvais sujets, comme il s'en trouve partout, se sont réunis en une seule bande pour produire ces actes criminels.

» D'autre part, la crainte et l'incertitude des évé-nements généraux ont paralysé la majeure partie, la saine partie de ces populations dans ces instants de troubles, et l'ont ainsi empêchée de porter du secours dans le premier moment. »

Aussitôt que les incendiaires virent que la garde nationale de Rueil sortait des limites de la com-mune, ils se débandèrent de tous côtés, et ceux que l'on arrêta, quoi qu'armés jusqu'aux dents, et ayant des munitions plein leurs poches ne firent aucune résistance.

On en ramena ainsi une douzaine que l'on interna dans la caserne, en attendant qu'on les dirigeàt vers la préfecture de police, ce qui devait avoir lieu le lendemain.

L'acte énergique que l'on avait tenté réussit complétement ; toutes les communes d'alentour, dont les gardes nationales n'osaient pas bouger, s'abouchèrent avec celle de Rueil, et organisèrent des patrouilles.

Les malfaiteurs dispersés essayèrent le soir même de se reformer ; ils se réunirent dans un cabaret de la route de Paris, et projetèrent d'aller mettre le feu au château de la Malmaison.

Ayant eu connaissance de ces menaces, j'en avertis immédiatement M. le commandant Lefèvre, qui m'autorisa à former un poste de secours, et m'en confia le commandement.

J'étais harrassé de fatigue ; néanmoins, ayant trouvé trente hommes de bonne volonté, je me rendis à la Malmaison, où notre présence en imposa aux malfaiteurs, qui rôdèrent toute la nuit aux alentours de Rueil, tirant en signe d'adieu quelques coups de fusil sur nos patrouilles.

Le lendemain et jours suivants, les proclamations du gouvernement provisoire se répandirent dans la banlieue de Paris, et l'ordre se rétablit peu à peu.

L'instant d'énergie que j'avais montrée dans ces moments de troubles, me grandit tellement aux yeux de mes concitoyens, qu'ils me nommèrent officier de la garde nationale.

Il n'y eut pas jusqu'au chemin de fer de Saint-Germain, auquel j'avais presque crevé deux chevaux et abîmé un omnibus, qui ne voulut aussi m'accorder sa part de reconnaissance, en m'allouant la faveur des demi-billets sur ses différentes lignes.

L'oncle François, on le pense bien, était à Paris dans son élément ; il nageait en pleine eau.

Il avait porté, me disait-il dans une de ses lettres, un des supports du trône de Louis-Philippe, dans la procession du royal fauteuil des Tuileries à la Bastille.

Pas une députation au gouvernement provisoire ne se mettait en marche sans qu'il fût en tête.

L'oncle François vivait dans un état de fièvre continuelle, c'était un des orateurs les plus remarquables des clubs les plus violents ; et comme la révolution l'avait mis à peu près sur la paille, il demandait naturellement l'égalité devant la fortune et le partage territorial.

Quelques jours avant le 15 mai, de triste mémoire, il vint me voir à Rueil. Pendant le déjeuner, il essaya de me convertir à ses doctrines subversives, m'engageant même à revêtir mon uniforme d'officier, et à me mêler à un coup d'Etat qui devait avoir lieu très-prochainement, me promettant monts et merveilles.

Mais, comme je goûtais fort peu ses arguments, il me traita *d'aristo* et de *réac*, partit tout d'un trait, après le déjeuner bien entendu, en me laissant une foule de journaux incendiaires, tels que *L'Aimable Faubourien, journal de la canaille* ; *Le Père Duchêne* et *tutti quanti*, avec lesquels j'eus le tort d'allumer ma pipe ; j'aurais au moins dû les conserver comme curiosités littéraires de l'époque.

Quant à mon oncle le chevalier qui, on le pense bien, était loin de partager les idées de son frère de Paris, il m'écrivait après le 15 mai, qu'il était tout prêt à marcher avec son bataillon pour *la cause de l'ordre.*

Le 21 mai 1848, impatient de faire briller mes épaulettes au soleil, je résolus d'aller en uniforme voir la fête de la Concorde au Champs-de-Mars. N'ayant aucunes nouvelles de l'oncle François, je profitai de l'occasion pour aller chez lui. Il était sorti. Connaissant ses habitudes, je poussai jusqu'au marchand de vin du coin, où j'apercevais un groupe d'ouvriers endimanchés. Mon oncle était là, tout de noir habillé, ayant une rosette cramoisie à sa boutonnière ; il paraissait fort affairé.

— Tiens ! c'est toi, dit-il en m'apercevant, ma foi, tu arrives bien ; c'est moi qui porterai la bannière de notre association à la fête de la Concorde, toutes les femmes et les filles des camarades seront en robes blanches, avec des couronnes civiques, ce sera magnifique, et si tu veux, tu tiendras un des cordons.

— Merci, mon oncle, j'aimerais mieux déjeuner.

— Ah bah ! tu as faim ; moi, comme tu vois, je ne mange pas, et il y a trois nuits que je veille pour les préparatifs ; ce sera superbe, viens donc avec nous.

— Oui, mon oncle, mais après le déjeuner.

— Comme tu voudras.

Je laissai le brave homme à ses préparatifs, et je cherchai l'enseigne d'un restaurant quelconque.

Mon repas fut fort frugal et de très-courte durée, ce qui ne m'empêcha pas de le payer assez cher. Je me mis ensuite à la recherche de mon oncle.

Je n'eus pas de peine à le retrouver faisant l'orateur au milieu d'un groupe de jeunes femmes en
costumes de communiantes. Il avait un diapason à
la main et donnait le *la* pour leur faire chanter une
hymne à la Patrie.

On se mit en marche ; mon oncle portant avec
orgueil une magnifique bannière rouge et or, et les
femmes chantant une espèce de cantique, assez
plaintif, où revenait souvent le refrain de : *Vive la
liberté !*

Je suivis la foule qui se rendait au Champ-de-Mars.

La fête était superbe, en effet, mais on sentait
dans l'air qu'on respirait, je ne sais quoi de triste,
malgré les bruyants ébats de la gaieté parisienne.

En effet, les élections approchaient pour complé-
ter le nombre des représentants du peuple, et l'on
ne savait pas bien au juste ce qui devait en sortir.

D'un autre côté, les ateliers nationaux étaient
devenus des foyers de propagande socialiste, qui
entretenaient l'agitation partout.

Comme on disait à cette époque, lorsqu'on se
rencontrait : — Où allons nous ?

Où l'on allait, on ne l'apprit que trop, le 23 juin.

Ce jour-là, à trois heures du soir, à Rueil, le
chef de bataillon de la garde nationale convoqua
le corps d'officiers à la mairie.

Il s'agissait de savoir si l'on irait à Paris pour
soutenir le gouvernement provisoire.

La majorité s'étant prononcée pour l'affirmative,
le commandant fit à l'instant même battre le rappel

dans toutes les rues de la commune. La garde nationale presque tout entière y répondit, et à six heures du soir, elle prenait la route de la capitale, A Paris, le bataillon passa la nuit dans la cour du Carrousel, et dès quatre heures du matin on fut réveillé par le bruit du canon et de la fusillade. Les gardes nationales affluaient de la banlieue et même des départements ; il fallut leur faire de la place, nous reçûmes une autre destination.

Le spectacle que présentait Paris le 24 juin était terrifiant ; les rues étaient sombres et désertes ; seul, le bruit de la fusillade rompait le silence. De temps en temps, un brancart passait recouvert d'une toile de coutil ensanglantée, on se découvrait. Deux ou trois hommes étaient détachés pour servir d'escorte, et revenaient bientôt, racontant à leurs camarades d'affreux récits sur l'acharnement des insurgés. Pendant trois jours et trois nuits, le bataillon de Rueil bivouaqua, tantôt dans un endroit, tantôt dans un autre, il eût la chance de ne pas aller au feu ; et le quatrième jour il rentra dans ses foyers.

La lutte était terminée, mais au prix de quels sacrifices !

Cinq généraux tués, deux autres blessés mortellement. Monseigneur l'archevêque de Paris avait aussi trouvé la mort en allant porter des paroles de paix. Les généraux Bedeau, Korte, Lafontaine, Foucher, Courtigis étaient grièvement blessés. Jamais dans aucune des batailles de l'Empire on n'avait perdu autant de généraux.

Chacun rentra chez soi la tristesse dans l'âme, bien qu'on sût à n'en pas douter que l'insurrection était partout vaincue.

Nous avons dit ailleurs, les alertes que la banlieue eût à subir à la suite de ces tristes journées; alertes qui se propagèrent jusque dans plusieurs départements.

Je n'étais pas sans appréhensions au sujet de mon oncle François ; cependant, quelque chose me tanquillisait, je pensais qu'il était trop *prudent* pour s'être gravement compromis.

En effet, je reçus de lui une lettre très-rassurante.

Mon oncle le chevalier, lui, m'écrivait lettres sur lettres pour avoir des nouvelles ; mais je n'avais pas toujours le temps de lui répondre. Dans une de ses dernières missives surtout, il insistait auprès de moi pour avoir des nouvelles du *Prince Louis,* c'est ainsi qu'il désignait le neveu de *son* Empereur.

Le chevalier, nouveau prophète, rêvait déjà un second empire.

« C'est un Napoléon, me mandait-il, sois bien
» persuadé qu'il arrivera, et dans ce cas si tu as
» besoin de moi, etc., etc. »

Les journaux de l'époque s'occupaient beaucoup en effet du Prince qui venait d'être élu député à l'Assemblée nationale, et des groupes nombreux stationnaient tous les jours sur la place Vendôme, dans l'espérance de l'apercevoir.

Après le 10 décembre, nouvelle lettre du chevalier.

« Je te l'avais bien dit, mon cher, que le Prince

» arriverait; mais, crois-moi, ce n'est encore que la
» première étape, nous aurons mieux que cela, etc. »

Quand je relis ces lettres, maintenant que les
événements se sont accomplis, tels que mon oncle
me les avaient annoncés plus de trois ans à l'avance,
je me demande encore s'il n'avait pas quelques relations avec les hauts personnages qui y ont parti-
cipé. Cependant, je n'ai rien trouvé dans sa correspondance qui pût justifier cette opinion.

En 1849, je reçus du chevalier une lettre timbrée
de noir; contre l'habitude, elle était fort brève,
et me mandait : que notre tante Ellen ayant pris
un refroidissement dans une de ses promenades à
la falaise, avait succombé au bout de quelques jours.
Naturellement, nous étions invités à assister à ses
funérailles, mais vu l'éloignement, peu d'entre
nous s'y rendirent.

Les affaires de succession et d'intérêt occupèrent
trop mon oncle pour qu'il trouvât le temps de se
mêler de politique.

Cependant, lors des événements du 2 décembre,
il ne put s'empêcher de m'écrire : « *Enfin, mon
cher neveu, je puis mourir maintenant, j'ai revu
l'Empire, et je suis satisfait.* » Cette lettre était le
chant du cygne ; moins de trois mois après, le
10 mars 1853, je recevais encore de Biville une
autre lettre timbrée de noir.

C'était le digne et bon curé qui m'annonçait la
mort subite de mon oncle, et me priait de venir
avec ma mère le plus promptement possible.

Nous nous hâtâmes, ne voulant pas laisser à des mains étrangères le soin pieux de fermer les yeux à un parent qui avait eu tant de bontés pour nous, et qui en maintes circonstances avait été le principal soutien de la famille.

Les paysans de Biville étaient dans le deuil ; mon oncle faisait beaucoup de bien de son vivant, et l'on connaissait déjà une clause de son testament qui instituait un legs de dix mille francs en faveur du bureau de bienfaisance de la commune.

On proposa de faire venir de Dieppe un détachement de troupe de ligne, pour rendre au défunt les honneurs militaires, mais la famille, en raison de la grande distance à parcourir (20 kilomètres), ne crut pas devoir accepter cette proposition, et ce fut un détachement de la douane, commandé par un officier de ce corps, qui rendit les honneurs funèbres au vieux militaire.

De tous les acteurs de ce récit, il ne reste plus maintenant que la vieille tante Aubernon, qui, elle aussi, après avoir perdu tous les siens, s'est retirée au *château* auprès des restes de son frère aîné.

FIN.

Saint-Germain-en-Laye. — Imprimerie Th. Lancelin.

www.ingramcontent.com/pod-product-compliance
Lightning Source LLC
Chambersburg PA
CBHW071823090426
42737CB00012B/2168